だいわ文庫

しないことリスト

pha

大和書房

はじめに

今の世の中には無数の、

「しなきゃいけないこと」

があふれている。

テレビを見ても、ネットを見ても、本屋に入っても、

そこらじゅう、

「これをしないとヤバい」

というメッセージだらけだ。

ないといけない　**仕事をがんばるだけじゃ**

ない　子どもをちゃんと育てて親の介護や自分

険にも入って貯金もして、**資産運用**も

こ迷惑がかかる　同年代はもっと自分より頑

けど、頑張りすぎてストレスを溜めてもよくない

べなきゃ　もっと運動もしなきゃ

される人間になるために身につけて

いけど、溜め込みすぎてもよくない　場面に応

つけ出そう　**社会人ならこれくらいの**

をかけずに社会に**貢献**しないと、生きて

できないとマズい　自分のことだけじゃ

資格も取っておかなきゃ　**家も買わなきゃ**

チェックしないと**時代遅れ**になる

寝る前にスマホをずっと見ていると睡眠不足になる

間を有効に使わなければダメだ……

10年後や20年後も食いっぱぐれがない仕事を見

なくて、家庭のことも両立しないとい

の老後のことも考えなきゃ　災害や事故に備え

考えておこう**真面目に仕事をしないとまれ**

張っている　頑張り続けないと**負け組**に

建康のためには、もっと野菜を

就活・婚活・終活　独創性と協調性　**人に**

おくべきこと　感情は**自制**しないとい

ていろんな自分を使い分けつつ、本当の自分

マナーは覚えていて当たり前　人に

いる価値がない　**これからは英語くら**

なくて、環境のことや政治のことも考えるべき

趣味を持たないと寂しい人生になるし、流行

友達からのメールも早く返信しないと

1日は24時間しかないのだからもっと

なぜ、こんなに「しなきゃいけないこと」に追われるのだろうか？

その理由の一つは**「情報が多すぎるから」**だ。テレビ、雑誌、インターネットなど、今の社会では、生きていると大量の情報に晒《さら》されることから逃《のが》れられない。メディアではいろんな人が口々に、「幸せになるには、こういう生き方をするべきだ」「私はこれで成功しました」という情報を絶え間なく発信し続けている。

そうした意見の一つ一つは間違ってはいない。それを言っている人は、本当にそう信じているのだろう。

でも、聞く側としては、いろんな人が言う情報のすべてを実践するのは無理だ。だから、情報を自分で取捨選択しないといけないのだけど、あまりに情報が多すぎるので、「どれが自分に必要なものなのか」を判断するのが難しい。

その結果として、「みんなが『これをしなきゃいけない』というのを口々に言うけれど、どれを信じたらいいかわからない」ということになってしまうのだ。

そして、もう一つの理由は、**「そのほうが儲かるから」**だ。

人間は現状に満足をすると、お金を使わなくなる。「このままじゃマズいんじゃないか」と不安にさせたほうがお金を使ってくれる。

だから、モノを売るときには、「英語を勉強しないとヤバい」「結婚しないとヤバい」「家を買わないとヤバい」「ダイエットしないとヤバい」というふうに不安を煽《あお》るのが、常套《じょうとう》手段になっている。

そうやって不安を煽る方向で売ってくるものは、まったく役に立たないわけではないけれど、そんなに広告が言うほどは「ないとヤバい」ことにはならないものだ。

「このままだとヤバい」と必要以上に脅してくる人は、何かを買わせようとしている人か、もしくは、自分に自信がないから他人の生き方を否定しようとしている人だ。そういう人たちの言うことは別に聞かなくていい。

いわゆる「しなきゃいけないこと」の99%は「本当は別にしなくてもいいこと」だ。この本は、世間で「しなきゃいけない」とされていることを一つ一つ検討していって、「あれもこれも別にしなくてもいいんだ。人生ってもっと幅があるものなんだ」と、少し力を抜いてラクに生きていけるようにするために書いた。

思えば僕も昔は「しなきゃいけない」に追われていた。小さい頃から怠け者で、すぐ「疲れた」と言う子どもだった。人と話すのも友達を作るのも苦手で、毎日学校に行くのがしんどかった。ずっと家で寝ていたかった。

でも、行かなきゃいけないことになっているので、我慢して通っていた。「他の人は普通にできているのに、自分はダメ人間なのか」と自己嫌悪に陥《おちい》ることも多かった。

どうしたらいいかわからず、自分が何をしたいかもわからないまま、「とりあえずみんなが普通にやっていることを努力してできるようにならなきゃ」と思って、なんとなく学校に通って、なんとなく勉強をして、いい大学に入って、なんとか卒業をして、安定していそうな会社に就職をした。

就職したのはいいけれど、職場のことも仕事のことも全然好きになれなかった。我慢しながら毎日通勤をして仕事をしていたけれど、3年くらいで限界が来た。こんな生活を何十年もずっと続けるのはムリだ、と思った。

「なぜしないといけないかが、自分でよくわからないことは、もうやめよう。まわりに理解されなくても、自分で実感の持てることや、自分のしたいことだけをやってい

こう」

そう思い立って会社を辞めることにした。

まわりからは、「あてもなく会社を辞めてフラフラしたいなんて、バカなことはやめるんだ」と怒られたりもしたけれど、「これ以上ここにいても、何もいいことは起こらないだろう」と確信していたので決心は揺るがなかった。

会社員を辞めることで、社会で〝普通〟とされている生き方から外れることに、最初は不安もあった。

でも、実際に辞めてみると、会社員時代よりも友達が増えた。収入はかなり減ったけれど、仕事によるストレスはなくなったし、自由に使える時間が圧倒的に多くなったので、毎日の幸福感は増した。

ほとんどの「しなきゃいけないこと」を捨てて、自分のしたいことと生きるのに最低限のことだけをして、「あまり社会と関わらず、のんびりと毎日寝て暮らす」という、自分の考える限りで最高にラクな生活を今は送っている。

「しなきゃいけないこと」に追いかけられずに心に余裕を持って生きていくには、どうしたらいいのだろうか。

結局、自分の頭で「それは本当に自分に必要なのか」と一つ一つ考えていくしかない。評価基準を自分の外に置いている限り、他人に焦らされるのは避けられないからだ。

1．他人や世間の評価で行動を決めるのではなく、自分なりの価値観を持つこと

2．他人や世間のペースに無理についていこうとせず、自分のペースを把握すること

この2つのポイントを押さえることが大切だ。

難しい問題を解決するためには、もつれあった問題の塊をほぐして小さい問題に細かく分けて、一つ一つ確実に潰していくのがコツだ。この本では、「これは別にしなくていい」という内容を**36個の「しないことリスト」**に分類して、世の中にあふれる「○○しなきゃいけない」という呪縛《じゅばく》を解いていく。

第1章は、「なんでもタダでもらえる時代」「固定した人間関係は腐ってくる」「思考をスッキリさせるコツ」などについて書いた「**所有しないリスト**」。

第2章は、「怠惰は美徳である」「イヤなことはしなくていい」「元気でいつづけると早死にする」などについて書いた「**努力しないリスト**」。

第3章は、「自己責任は50%でいい」「すべての成功はたまたまにすぎない」「つらいときは奇声を出そう」などについて書いた「**自分のせいにしないリスト**」。

第4章は、「諦めれば人生はラクになる」「他人は言葉の通じない動物だ」「死人のつもりになれば何でも楽しい」などについて書いた「**期待しないリスト**」。

特に順番など気にせず、気になったところから読んでもらえればいい。

毎日何かに追われる生き方から抜け出すために、心の中に巣食っている「しなきゃいけない」を一つずつ整理していこう。

しないことリスト☑もくじ

第1章

環境をスッキリさせる　所有しないリスト

第2章

行動をラクにする 努力しないリスト

第4章 人生をラクにする 期待しないリスト

第 1 章

環境をスッキリさせる

所有しない
リスト

NOT TO-DO LIST

なんでもタダでもらえる時代？

「モノをたくさん持っているのが豊かだ」という考えは、もうだいぶ古くなってきているんじゃないかと思う。

モノというのは、持っていると管理コストがかかるものだ。管理コストというのは、お金やメンテナンスの手間だけじゃなくて、「アレ、ずっと使ってないけど捨てようか、どうしようか」というふうになんとなく気になり続けるという心理的なコストもある。

持っているものは少ないほうが、身軽に気楽に生きられる。別に自分の持ち物でなくても、必要なときだけレンタルしたりシェアできれば、それでいい。都会だと、車は必要なときだけカーシェアリングを使う人も増えてきている。

他にも客用布団とか礼服とか「たまにしか必要ないもの」は一時的なレンタルで充分なんとかなる。「借り物を使うのは貧乏くさい」という人もいるけど、それはちょっと古い感性だと思う。

僕自身、今はシェアハウスに住んでいて、家を含めていろんなものを知人や友人とシェアしながら暮らしている。それは、そのほうが割安で身軽というのもあるし、もう一つ大きいのは、**モノを借りたりシェアしたりすることで自分の世界が広がるということだ。**

僕はシェアハウスに住むまでは、あまりゲームをしなかったしアニメも観なかったんだけど、シェアハウスの居間で他の人がそうしているのを眺めているうちに、自分でも最近のゲームやアニメを楽しめるようになってきた。自分では買わないようなマンガがいつの間にか家にあって、そういうのを読むのも楽しい。

そんなふうに、他人とモノや空間をシェアすることで、自分一人だと出会わなかったものに出会えて世界が広がるという面白さがある。

僕はそもそも所有欲が薄いのかもしれない。あまり欲しいものがないので、ほとんどモノを買わないし、何か欲しいときも大体ネットを通じて人からもらうことが多い。今までもらったものを挙げてみると、自転車・バイク・自動車・洗濯機・冷蔵庫・マンガ・ゲーム・パソコンなどがある。

世の中は広いから、大抵のものはどこかで余っていて捨てられようとしているのだ。だから、うまく捨てたい人を見つけられれば、結構タダでもらえる。自転車や家電など、捨てるのにお金がかかるものは特にもらいやすい。

モノにこだわりがないので、捨てられる寸前のボロボロのものでもそんなに気にならない。どうせタダだし、動けばそれでいいという感じだ。

ネットでモノをもらうコツは、ツイッターやブログで、「自転車欲しいけど誰か余ってないかな……」「バイク欲しいけど誰か余ってないかな……」みたいなことをひたすら言い続けることだ。すぐにくれる人は出てこないかもしれないけど、何ヵ月もずっと言い続けていれば、そのうちいつか、余らせている人に行き当たる。

昔、インドで物乞《ものご》いをやっていたという知人が、こんなことを言っていた。

「乞食《こじき》のコツは、『何かください』という曖昧《あいまい》な要求じゃなくて『5ルピーください』とか『食べ物をください』みたいに要求をはっきりさせることだ」

何が欲しいのかをはっきり言ったほうが、YESにしろNOにしろ返事がしやすく

自分で持っているもの

- いつでも好きなときに使える
- 常に管理コストがかかる

シェアやレンタルなど

- 使いたいときだけ使えばよい
- 普段は身軽でいられる
- 多少割高になることもある

モノは必要なときだけ借りて使えばいい

なるので、相手にしてもらえる確率が高まる。

ネットは「あげたい人」と「もらいたい人」という、見知らぬ他人の需要と供給を結びつけるマッチングツールとしてとても優秀だ。そもそも、世の中のほとんどの商売というのは「売りたい人」と「買いたい人」をうまく出会わせて仲介をする仕事だ。

たとえば、大根が欲しいと思っても、直接、農家と知り合いになって買うのは大変だ。だから、大根が欲しい人と大根農家の間を橋渡しするために、農協や卸売業者や八百屋さんなどの商売が成り立っている。

ネットはそうした流通過程をすべて飛ばして、直接「あげたい人」と「もらいたい人」を繋《つな》ぐことができる可能性を持っている。だから、うまく繋げることさえできれば、そんなにお金を使わずにモノを手に入れられる。

あと、僕はモノをもらうだけじゃなくて、同じくらい人にあげたりもしている。モノを持ちすぎると身軽さがなくなるので、どんどんあげたり捨てたりして手放していくのがいい。あまり使わないモノは気前よく人にあげたほうが、また別のときに自分がモノをもらいやすくなる。

モノを捨てるのはもったいないと思ってためらいがちだけど、使わないモノを保管し続けて管理コストがかかり続けている状態のほうがもったいない。そう考えよう。

「注意資源」という概念がある。

これは人間が何かに注意を払うエネルギーのことなんだけど、大事なのは「**人間の注意資源は有限**」ということだ。たくさんのモノを持つほど、一つ一つの扱いはおろそかになってしまう。だから、どんなに広い家を持っていたとしても、人が有効に活用できるモノの数には限りがある。

モノ以外でも、知人や友人の数や記憶や体験の数でも同じことが言える。たくさん持てば持つほど、一つ一つに対する思い入れや感動は少なくなっていく。逆に言うと、何も持たない空っぽの状態のほうが新しいものを得る余地がある。

ヨガをやっている知人が、「息を深く吸い込むコツは、いったん限界まで息を吐き切ること」と言っていた。何かを得ようとするなら、今持っているものを捨てるといい。空いたスペースがあれば、そのうち自然と新しいものがそこに入ってくるものだ。

新しいものを手に入れるために、古いものをどんどん手放していこう。

この章では、持っているモノや情報などを減らして、スッキリとした気分で生きるためのコツについていろいろ考えていきたい。

LIST-1

余計な買い物をしない

KEY WORD

普段とのギャップ

30歳を超えたくらいから、欲しいものって特にないなあ、と思うようになった。

若い頃は知識や経験が少ないので、あれが欲しいとかあそこに行きたいとかあれをやってみたいとか、いろんな未知のものに興味があって、さまざまな期待や欲望を持ったりするものだ。「今までなかったこれを手に入れれば、人生が劇的に変わるかもしれないんだ！」と、まだ見ぬものに憧れたりする。

でも、年を取るにつれて、だんだん大抵のことは一通り経験して想像がつくようになってくる。「窮屈《きゅうくつ》な服は買ってもあまり着ない」とか「一手間かかる家電は買っても使わない」ということが、買う前にわかるようになる。

若い頃は、「よくわかんないけど、服に気を遣ったほうがいいのかもしれない……」と思っていろんな服を買ってみたりした。

でも、結局自分は服に興味がないことに、あるとき気づいた。そもそも僕は毎日同じ服を着ていてもあまり気にならない人間だった。「別に毎日同じ服を着てもいいんだ」と思うとすごくラクになって、ほとんど毎日、Tシャツとパーカーで過ごしている。

他の人からどう見られるかという問題についても、自分が気にするほど他人はこっちを見ていないと思うようになってからは気にならなくなった。

靴も履きやすければ何でもいいので、もう何年も同じ靴を履いていて、壊れたらまた同じのを買っている。パソコンもネットが見られて文章が書ければ充分なので、最近は2万円台で買える安物を使っていてそれで不満がない。

そんなふうに、**自分の生活に必要十分なものが把握できるようになってくると、特に物欲が湧《わ》かなくなってきてモノをあんまり買わなくなってきた。**せいぜい使っていたものが壊れたり、なくなったりしたら、同じようなものを買うくらいだ。

とはいえ、広告を見たり、ショッピングモールや家電量販店に行って新製品を見ると、ちょっと欲しくなったりすることもある。

けれど、冷静に考えると、そういうときに欲しくなるモノは別になくても困らないものだ。

この消費社会では、人の欲望をうまく煽《あお》ってなんとかモノを買わせようとするテクニックがとても発達している。広告やショッピングモールは人の欲望を煽って人にモノを買わせるプロだから、あまりそういうテクニックに踊らされてはいけない。広告はあまり見ないように、店にはあまり行かないようにすれば、欲しいものってあまり思いつかないし、大体の場合、それで実は何も問題がない。

でも、人間はときどきパーッと散財したいような気分になるときがある。だから、買い物の楽しみもまったく否定するわけじゃない。

ただ、何かとお金を使わせようとする商売の仕組みに、乗せられすぎないようにしようということだ。

僕がよく思うのは、「たまにパーッと散財すると楽しい」というのは、**その金額が高額かどうかよりも、普段とどれくらいギャップがあるか**、という部分が重要だということだ。

どういうことかというと、日常的に1000円のものを買っていると1万円のものを買うだけでテンションが上がるけど、日常的に1万円のものを買っているとテンシヨンを上げるには10万円のものを買わないといけなくなるということだ。お酒を飲めば飲むほど酒に強くなってきて、酔うためにたくさん飲まなきゃいけなくなるのと同じだ。

10万円のものは1万円のものの10倍満足度が高いかというと、大体そうでもなくて、せいぜい3～5倍くらいだ。

そう考えると、高いものを普段から買う生活をするのは、そんなにコスパがよくないなと思う。僕は普段、そんなにお金を使わないから、たまにちょっと気晴らしをしたいとき、コンビニでちょっと高いアイスを買うとか、ガムを一度に2つ嚙《か》むとか、それくらいでちょっと贅沢《ぜいたく》した気分になれてしまう。

普段の生活レベルを上げると、浪費の楽しさを得るのに、さらにたくさんのお金がかかるようになる。だから、普段はあまりお金を使わず安いもので適当に暮らして、たまにちょっとだけ高いものを買う、というのが一番効率のいい暮らし方じゃないだろうか。お金をたくさん使うことに慣れすぎないようにしよう。

LIST-2

お金で解決しない

KEY WORD

お金と時間の互換性

お金を稼ぐために働いて、そのことでストレスを溜《た》めて、そのストレスを解消するためにお金を使ってしまうことがないだろうか。

僕が会社員をやっていた頃は、自分がそんな理不尽なループにハマっているような気がしていた。

毎日働くとお金が貰《もら》えるけれど、その代わり疲れが溜まって、疲れを取るためにマッサージに行ったりするとお金がかかってしまう。ストレス解消だといって気晴らしとしてモノを買ったり、遊びに行ったりすると、またお金がかかる。なんかそれは意味のない堂々巡りな感じがしたのだ。

働いて帰ってくると、自炊をしたりする気力がなくて外食ばかりで、しかもストレス解消のためにジャンクなものをたくさん食べてしまって、健康にもよくないと感じていた。

それだったら、あまり働かずに毎日時間の余裕のある生活をしたほうが、お金がなくても健康で幸せに過ごせるんじゃないだろうか。そう思って僕は会社員を辞めた。その選択は間違ってなかったと思う。

お金と時間には互換性がある。**お金がなくても時間に余裕があれば、補える部分も多い。**のんびりと散歩がてらに安いスーパーに買い物に行って自分で料理を作れば、安く美味《おい》しく健康にいいものが食べられる。

本や音楽などの娯楽も、ちょっと手間をかけて古本屋や図書館などを回れば、お金がなくても楽しめるものはたくさん見つかる。古本屋の100円コーナーで面白そうな本を「掘る」のも楽しい作業だ。

ネットを見れば、無料でいくらでも読んだり観たりできるコンテンツが溢《あふ》れている。スマホのゲームで遊んでいると無料とか数百円くらいで何時間も没頭できるゲームがたくさんある。

友達に会いに行ったり家に呼んだりして、ゲームでもして遊んだり一緒にごはんを食べたりぶらぶら歩きながら他愛もない話でもしていれば、お金をかけなくても退屈しない。

僕は会社員をやっていたときより、無職になってからのほうが友達がたくさん増えた。たぶん、僕に体力がないからだろうけど、働いていると平日は仕事が終わったら疲れきっていて仕事以外の予定を入れる気力がなかった。

また、土日のどちらかは一日中寝てエネルギーを補充したり、平日に溜まった家事をこなしたりしないと生活が回らなかった。

だから、**仕事を辞めてからのほうが人に会う頻度が圧倒的に上がって、まともに人付き合いができるようになった**、と思ったのだ。

僕にとってはお金があることより、時間があることのほうが重要だった。

まあ、エネルギーがたくさんある人は、たくさん働いてたくさんお金を稼いで、たくさんお金を使って毎日を派手に充実させるという生き方もありだろう。そのほうがいいという人は多いだろうし、それができる人はそうしたらいい。

でも、世の中はそういうのがうまくできる人間ばかりじゃない。

僕みたいに体力がない人間には、お金がなくてものんびり自炊をしたり、散歩をし

たり、友達と喋《しゃべ》ったりという、そんな時間に余裕のある暮らし方が向いている。
　体力がある人もない人も、派手なのが好きな人も地味なのが落ち着く人も、それぞれに合うような生き方のパターンがたくさん用意されているのが、生きやすい社会だろう。
　目まぐるしく進む社会のペースに惑わされずに、自分のペースに合った暮らし方を見つけよう。

LIST-3

高い家賃を払わない

KEY WORD

空き家と小屋

現代社会で生きるのに必要なお金のうち、かなりの割合を占めるのが家賃だ。家賃をできるだけ払わなければ、その分だけお金や労働に追われずに済む。そもそもお金がなくても最低限の寝る場所くらい保証されてもいいいんじゃないか、結局土地を持っている奴が一番強いのか、と思ったりもするけれど、そんなことを言っても変わらないので、ある程度払うのは仕方ないだろう。

ただ、家賃をゼロにするのは難しいけれど、減らすことはできる。一番効果的なのは至極当たり前だけど、「家のランクを下げる」という方法だ。

『20代で隠居』という本を書いた大原扁理《おおはらへんり》さんは、東京の多摩地区の駅から離れた月2万8000円の部屋に住むことで、週に2日しか働かなくていい生活を実現したそうだ。そういう方向性がよいと思う。

若いうちにボロい家に住んでおくと、ボロ家に耐性がつくのでよい。僕の場合、大学時代に通行人から廃墟《はいきょ》と間違えられるようなボロい学生寮に住んでいたことで鍛えられた。その寮は冷暖房もついてないので夏は酷暑《こくしょ》、冬は極寒に悩まされ、4人一部屋なので狭い二段ベッドに押し込められるように暮らしていた。

寮の生活はそれまで住んでいた実家よりも環境は劣悪だったけど、僕はその寮の生活で「あー、これくらいのレベルでも普通に生きていけるな」と思った。

あと、「自分みたいな怠惰なダメ人間にはこれくらいの暮らしがちょうど合っている感じがするな」ということも思った。

その後、どこに引越しても「あの寮よりは快適だ」と考えると不満をあまり感じない。僕は今も友人たちと一軒家を共同で借りてシェアハウスに住んでいるので、月の家賃は2〜4万円くらいで済んでいる。家なんて雨風しのげて眠れれば、それで上出来だし、こだわらなくていい。

家が快適かそうでないかという問題よりも、家の維持費にお金を取られて労働しなきゃいけないほうがキツい。家が狭かったとしても、公園、川沿いの遊歩道、図書館、銭湯、友人の家、ファミレスなど、近所に安価で出入りして過ごせる場所があればカバーできる。

家賃を抑えるには田舎の空き家を借りるという手もある。今の日本の地方は過疎化が進んでいて空き家だらけだから、限界集落みたいなところまで行くと一軒家を月数千円で貸してくれたりする。「使ってくれるならタダでいいよ」みたいな話もある。僕も和歌山県の山奥にある知り合いの家を月5000円で借りて、ときどき遊びに行っている。
ただし、田舎の家はお金を出せば誰でも借りられるというものでもない。田舎はムラ社会というか地域の結びつきが強いので、地域の人との付き合いをうまくやって個人的な信用を得る必要がある。その点はちょっと面倒くさいけど。
人付き合いをできるだけ避けたいと思うな

ら、「田舎の何もない土地を安く買って小屋を建てて住む」という手段もある。高村友也さんのブログ「10万円で家を建てて生活する寝太郎のブログ」や『自作の小屋で暮らそう』という本が参考になる。

ただし、この場合は電気や水道といったインフラが通ってない土地に住むことになるので、そのあたりを自分で解決しないといけない。サバイバル能力が必要だ。小屋暮らしをする若い人は最近増えてきていて、小屋暮らしをテーマにしたブログもたくさんある。田舎に住みながら収入源を確保できるなら、そういう生活もありだろう。

僕も、お金がなくなって人付き合いも面倒になってどうしようもなくなったら、山奥に小屋でも建てて住もうかと考えたりする。それは、実際に実行しなくても、「いざとなったらそういう生き方もあるな……」と思うだけで心のお守りになる。

生き方という概念の幅を広くしておくと心に余裕が持てる。そのためには、いろんな生き方を自分で試してみたり、ときどき自分と遠い生き方をしている人に会って話したりしてみよう。

Check!
『20代で隠居　週休5日の快適生活』大原扁理 著（K&Cパブリッシャーズ）
『自作の小屋で暮らそう　Bライフの愉しみ』高村友也 著（ちくま文庫）

LIST-4

自分だけで独占しない

KEY WORD

不純な動機

僕が何か新しいことを始めるときに、気をつけていることが2つある。それは、**「自分のやりたいことを自分のペースでやる」「ゆるく外に開いておく」**ということだ。

たとえば、シェアハウスを作ったのがそうだ。シェアハウスを作った理由は、「一人で暮らすのが寂しいからなんとなく人が集まれるような家が欲しい」という個人的な動機なんだけど、作った家は人が気軽に入って来れるような雰囲気にして、できるだけ他人を巻き込んで共有するようにしている。そのほうが一人でやっているよりも世界が広がって楽しいからだ。

ギークハウスという、パソコンやインターネット好きな人が集まるシェアハウスは、僕が作った後、各地に広がっていろんな人がいろんな場所で独自のギークハウスを作るようになり、今では全国に二十数軒くらいある。

また、ブログを書いているのも同じような感じだ。ブログといってもいろんな種類があって、お金を稼ぐためにたくさんアクセスが集まる話題ばかり書いているブログも多くあるけれど、僕は基本的に自分の好きなことや興味のあることしか書かないようにしている。書きたくないときは何ヵ月も更新しないこともある。

ブログタイトルを「ｐｈａの日記」としている理由も「これはあくまで僕が個人的に書いている〝日記〟なので好きなことしか書かないし、だるくなったら更新しないぞ」というスタンスを表している。あくまで自分のために書いているんだけど、**ノートに書いて自分一人しか読まないものだと広がりがなくてつまらないから、ネットで公開してみている。**

そんな感じで淡々と文章を書き続けていたら、最初は知り合いくらいしか読んでいないブログだったんだけど、そのうち面白がって読んでくれる人が増えて、そのうち本を出したりもできるようになった。

僕はもう15年ブログを書き続けていて8年シェアハウスに住んでいるんだけど、そんなに長期間続けられているのは、「自分のやりたいことを無理のないペースでやる」というスタンスを守っているからだ。「お金を稼ぐため」とか「社会の役に立つため」とかそんな動機だとたぶん1年くらいでしんどくなって辞めていただろう。

どんなジャンルでも、基本的に何かを長く続けている人は、みんなそういうところがあるはずだ。

ボランティアをやっている人も、本当に「社会のため」や「困っている誰かのため」だけでやっているわけじゃなくて、「仲間に会えるのが楽しい」とか「家の居心地が悪いから家にいたくない」とかそうした俗っぽい動機でやっている部分がある。

何でも崇高《すうこう》な理念だけじゃ長くは続かないものだから、そんな感じでいいのだ。「モテたい」というような不純な動機で何かをがんばるのもいいことだと思う。それは人間に生まれ持ってインストールされている強力なモチベーションだし。

好きなことを自分のペースでやること、そして、誰でも気軽に利用できるようにゆるく外に開いておくこと。それをずっと続けていると、自分から見返りを求めなくても、自然といろんなものが自分のまわりに集まってくる。

僕はずっと「はてなブログ」というサービスでブログを書いているんだけど、それを運営する株式会社はてなを作った近藤淳也さんが、かつてブログでこんなことを書

いていた。

〝情報をオープンにしなければ、自分が進む速度以上には進めない。でも、いったんネットに預けると、色々な人の力が加わって、一気に何倍にもなる。インターネットって、知能増殖装置みたいなところがあると思います〟

知識というのはモノよりも共有しやすいもので、ネットは低コストで知識をシェアするのにすごく向いている空間だ。

考えたことは独占せず、できるだけネットで公開してしまおう。

LIST-5

頭の中だけで考えない

KEY WORD

認知のゆがみ

ここまではモノを所有しないことを中心に書いてきたけれど、頭の中の荷物を片づけていくコツについても書いてみる。

「部屋がごちゃごちゃしている人は、頭の中もごちゃごちゃしている」そんなことが言われたりするように、頭の中の状況と自分のまわりの環境は連動するものだ。身のまわりをスッキリさせるためには、まず心の中をスッキリさせたほうがいい。

考えていることを外に出さずに一人で頭の中だけで物事を考えているとよくない。一人だけで考えていると、だんだん何が正しいかわからなくなったり、そもそも何がしたかったのかがわからなくなったりして、考えが極端になったり煮詰まったりしてしまいやすいからだ。

人間の記憶や認識というのは、頼りにならないものだ。気がつかないうちに現実を歪《ゆが》めて認識してしまっていることも多い。過去の記憶なんかも、自分に都合のいいことばかり覚えていたり、自分に都合のいいように改竄《かいざん》してしまっていたりする。

そんなふうに、**認識や考えが偏らないようにするためには、思考を頭の中でグルグル回すだけじゃなくて、ときどき外にアウトプットをするようにするといい。**

その方法の一つは「紙に書き出す」ことだ。

うつ病の治療法の一つとして「認知療法」というものがある。うつ病にかかってしまうと、「自分はいつもダメだ」「自分は何もできない」「もう終わりだ」「先行きは真っ暗だ」とか、なんでもネガティブに考えてしまうようになる。

でも、それは病気のせいで思考が偏っているだけで、実際にそんな絶望的な状況にいるわけじゃない。

そうした「認知のゆがみ」を冷静に補正するための方法が「認知療法」だ。「認知療法」の基本は、自分が考えていることや自分の気分などを紙に書き出してみる、それだけだ。

頭の中だけで考えていると、ネガティブな思考がグルグルしてそこから抜け出せなくなるけれど、思考の内容を紙に書いて頭の外に出すと、それを少し客観的に見ることができて、そこに「認知のゆがみ」がたくさん入っていることに気づくことができる。

「認知のゆがみ」の主なものは、左の表のようにパターン分けされている。ここではその概要だけを書いておくので、さらに興味がある人はインターネットなどで調べてみよう。

思考を文字にしたものを改めて読みなおして、そこから「認知のゆがみ」を取り除いてみると、**「ちょっと悲観的すぎたかな」「そこまでどうしようもなくはないな」と思い直して、少し前向きになれたりする。**

この認知療法はうつ病の治療法だけど、うつ病じゃない人にも役に立つ方法だ。何か困ったときや悩んだとき、迷ったときは、それを文字に書き出してみるとちょっとラクになったり解決法が見えたりしやすい。日記を書くとかブログを書くとかを習慣にするのもいいかもしれない。

もう一つの思考のアウトプット方法は「人に話す」ということだ。

認知のゆがみ10パターン

●全か無かの考え
≫少し失敗しただけで「もう全部がダメになってしまった」と考えてしまう

●極度の一般化
≫一回良くないことがあっただけで「いつもこうだ」と考えてしまう

●心のフィルター
≫良い面も悪い面もあるはずなのに悪い面しか目に入らなくなってしまう

●マイナス思考
≫褒められても「まぐれだ」「誰もわかってない」ととらえてしまう

●論理の飛躍
≫他人の行動などを根拠なく何でも悪いほうに関連付けて考えてしまう

●過大評価と過小評価
≫欠点や失敗を実際以上に大きく考え、良い点や成功を実際以上に小さく考えてしまう

●感情的な決め付け
≫「不安に思うから失敗するに違いない」など感情で全てを決めつけてしまう

●〜すべき思考
≫「〜すべきだ」と原理原則で考えて自分や他人にイライラしてしまう

●レッテル貼り
≫「自分はダメ人間だ」「クズだ」などと決め付けてしまう

●誤った自己責任化
≫何かトラブルが起こったときに「自分が全部悪い」と考えてしまう

やっぱり一人でできることには限界がある。紙に書いて読み直してみても、自分が弱っているときは、何が正しくてどうしたらいいかが判断できなくなってしまう。そういうときは、人に話を聞いてもらって意見を聞くのがいい。

ちょうどいい話し相手がいない場合は、ネットに書き込めばいい。ブログでもいいし、名前を出したくない場合は、匿名《とくめい》掲示板や発言小町などの匿名Q＆Aサイトに書けばいい。

恋愛なんかが典型的だけど、**そのまっただなかにいる当事者にとっては特別で切実でドラマチックな悩みが、外の人から見ると単によくある話だったりするものだ。**

ネットで知らない人の意見を聞いてみると、第三者の醒《さ》めた視点からのアドバイスを聞けて参考になったりする。

ネットの匿名サイトにはいろんな個人のいろんな切実な本気の悩みがあふれているので、僕もたまに暇つぶしに読んだりする。

「世の中にはいろんな人生があるものだな……」とか「客観的に見ると簡単な悩み（DVをする配偶者からはすぐ逃げたほうがいい、など）も、自分がその最中にいると、どうしたらいいかわからなくなるものなんだな……」ということが学べて、とても勉強になる。

でもまあ、理想としては近くにいる友達に意見を聞ければ一番いい。友達というのは、自分とある程度の価値観が似ているけれど、ちょっと違う視点から見た意見を伝えてくれる人のことだ。

できれば友達は複数人いたほうがいい。友達が一人だけだと、その友達の意見が変だと思ったとき、自分が間違っているのか、相手が間違っているのか判断できないからだ。

複数人の意見を聞けると、「客観的に見るとこう見えるんだな」というのがなんとなくつかめる。自分が何か変な感じになっていたら、「それちょっと変じゃない？」って言ってくれるような友達を、できたら何人か持つようにしよう。

LIST-6

読みっぱなしにしない

KEY WORD

4つのメモの取り方

わからないことがあったときに自分で調べる習慣を身につけておくと、何かと役に立つ。

「中学や高校で習う数学や古典なんかの勉強なんて、社会に出てからはまったく役に立たない」という人がたまにいるけれど、学校で勉強をする意味の一つは、「自分で何かを調べて知識を得ることの練習」だ。

勉強のやり方さえ身につけておけば、将来何かを覚える必要が出てきたときに困らない。

僕自身、学校で習ったことはだいぶ忘れてしまったけど、勉強のやり方や楽しさを覚えたことは今の人生でかなり役に立っている。

僕の毎日は大体、本やネットで文章をひたすら読んで、原稿やブログの文章を書く、という感じだ。もともとずっと本を読んでいれば退屈しない性分《しょうぶん》で、読むのも書くのも単なる趣味だったんだけど、最近ではそれがいつの間にか半分仕事になってきている。

文章を書くには、やっぱりたくさん文章を読んでいないと書けない。本を一冊書くとき、その背後には100冊くらいの読書量が必要だと思う。たくさんのインプットを自分なりに咀嚼《そしゃく》してこねくりまわして、ようやく少しのアウトプットが出てくるという感じだ。

読みたい本を全部買っているとお金がもたないので、大体は図書館で借りている。「図書館で借りた本をまた読みたくなったらどうするの?」と聞かれたりするけど、そうしたときはまた図書館で借りればいい。

家に置ける本棚の数には限界があるし、**図書館を自分の本棚として使えばいい。**

もしくは、図書館で借りて読み終わった後に「この本は手元に置いて定期的に読み返したい」「この本はなんかすごく好きだから、お守り的に持っておきたい」と思ってその本を本屋で買い直すこともある。まあ、そういう本は100冊に一冊くらいだけど。

本を読んでも、そのまま読みっぱなしにしておくと人間はすぐ忘れてしまうので、僕はメモを取るようにしている。

メモの効用は、「後で読み返せる」という以外にも、「手を動かしてメモをすることで記憶に定着しやすくなる」というのも大事な点だ。

メモの取り方は、本の重要さに応じて次の4種類に分けている。

①　重要度：なし

まず、あんまり面白くなかった本の場合。これは、忘れてもいいのでメモを取らない。

一応、「今月はこれだけ本を読んだか」と読書量を確認して自己満足するだけのために、「ブクログ」というネットの読書記録サービスに本の名前だけ登録しておくこともある。

②　重要度：低

本の中に、何ヵ所か面白い部分や気になる部分があった場合。そのときは本をブクログに登録して、面白かった部分の引用も一緒に登録しておく。

そうしておけば、後からその本に書いてあったことが気になったとき、「あれ、どこに書いてあったっけ」と読み返さなくても、重要な部分だけをパッと参照することができる。本の中の一つの文だけでもメモしておくと、それを見ることで連鎖的に本の内容をある程度思い出すことができるので全然違う。

③ 重要度：中

本全体が面白くて、数ヵ所を引用しただけでは足りない場合。この場合は、本の面白さの要点を自分なりにまとめたメモを作って、普段使っているブログとは別に作っている「読書記録用のブログ」に載せておく。

この読書記録用のブログはあまり他人に見せることは考えていないので、メモの内容も断片的で他人が読んでもよくわからない感じのことが多い。他人が見てもあまりわからないけど、自分が読み返したときに本の面白さを再現できればよい、という感じだ。

他人に見せないのなら、別にネットに公開せずに自分のパソコンの中にメモを残しておくだけでもいいんだけど、ブログにする利点は、「どこに書いたっけ」と思った場合に書名と自分の名前をグーグル検索すれば見つけられるというのと、「ウェブに書いておけば、何かのトラブルでパソコンのデータが消えてしまったりしても残る」というところだ。

④ 重要度：高

とてもとても良い本で、ぜひ他人に紹介したいとか、その本を読んで自分なりにいろいろ考えることが多かったりした場合。そういうときはブログやツイッターで本の感想を書いて公開する。

このときは、まったく知らない人が読んでもその本の面白さがわかるように、ちゃんと文章を工夫して説明する。人に伝えるということを意識すると、面白さをわかりやすく言語化しないといけないので、そのことについての自分の理解も深まる。

また、本の紹介に限らず、ブログの記事や本など、文章を書くときには、「自分が深くわかりたいから文章を書く」というところがある。

「これはひょっとしてこうなんじゃないか？」と頭の中で曖昧《あいまい》にもやもやしていることを、言語化して紙に書き出して文章にするのは楽しいし、書き終わると頭の中が片づいた感じがして、とてもスッキリする。

今の時代は、いつでもどこでもググれば何でも調べられる世の中だ。ただ何かを知っているだけということに、あまり意味はない。その知っていることをいかに自分の血肉にして、生きた情報として活用できるかが大事だ。

そして、**単なる情報を血肉にするには、他人の目を意識して文章をアウトプットしてみるのが有効な手段だ。**何かを身につけたいと思ったら、気になることを自分で調べて、ブログなどで自分の言葉を使って説明してみよう。

LIST-7

デジタルにしない

KEY WORD

情報に「色」をつける

「モノを持たない」というのを突き詰めていった結果、「本なんかは全部電子書籍にしてしまえばいい！　全部デジタルにしてしまおう！」という人が最近は増えているらしい。

それはそれで便利なんだけど、本は紙で読むほうが僕は好きだ。紙の本のほうが書いてある内容が記憶に定着しやすいからだ。

別に細かい内容を覚えておく必要がないような、マンガや小説は電子書籍でもいいと思う。でも、ページを前後に行ったり来たりしながら、いろんなことを深く考えながら読むような読書をするには、やっぱり紙の本のほうが向いている。

紙の本のほうが記憶に定着しやすいのは、それが「本を持つ」とか「ページをめくる」とか「ページの手触り」といったような、非言語的な刺激を伴うからでもあるだろう。

情報というのは、非言語的で感覚的な要素と結びつけたほうが覚えやすい。記憶術とか暗記術とかのテクニックでも、覚えるべき情報と色や音や絵などを結びつけると記憶しやすいというやり方がよく知られている。

俗な例だと、替え歌で中国の歴代王朝を覚えたり、語呂《ごろ》合わせで元素周期表や英単語を覚えたりするものがある。

それと同じで、本を読むときも本の重さを感じたりページをめくったり、付箋《ふせん》を貼ったり線を引いたりページの端を折ったり、**情報に自分なりの「色」を付ける行為はデジタルで仮想的にやるよりも実際に物理的にやったほうがしやすい。**仕事のタスクや買い物リストなんかも、パソコンやスマホでメモするより、メモ用紙や付箋にペンで書いたほうが頭に刻み込みやすい。

そして、タスクが終わったらペンで線をサッと引いて消したり、紙をグシャッて丸めて捨てたりすると、達成感や爽快《そうかい》感がある。

電子書籍は買うのがラクだ、というのはたしかにある。実際の書店まで足を運ぶ必要もなく、ネット通販で郵送されるのを待つ必要もなく、クリックすればすぐにデータがダウンロードされて読めるのは便利だし、僕もたまに使う。

でも、普段行かない大きな書店まで行って本棚でその本を探して、本を買って帰りの電車の中で袋を開けて読み始めるみたいな、普段あまりしないような「体験」と本の内容を結びつけると、後々まで読書の内容が残りやすい。

僕はデジタルとアナログの情報ツールを、以下のように使い分けている。

・デジタル（コンピュータ上のデータ）

忘れてもいいものはデジタルでいい。小説みたいに楽しみのために読むものとか、覚えていなくても必要になるたびに調べればいい情報など。メモなども適当にパソコンやクラウドに保存しておく。大事なのは、「忘れてもいいけど検索すれば出てくる」ようにしておくこと。

・アナログ（紙の本やノートなど）

ただ単に知っているだけじゃなくて、その知識や情報を自分の血肉のようにして、自由自在に使いこなせるようになりたいときは、紙の本で読む。何か身につけたいこととか、何か深く考えたいことは、紙とペンを使って書きながら覚えたり考えたりしていく。

文章を書くときは最終的にはパソコンで書くのだけど、最初のアイデア出しや大まかなイメージをまとめる段階では紙とペンを使う。最初はとりあえず断片的に思いついたことを、ひたすら大きな紙に書き出すところから始めていく。

デジタルで打った文章よりも手書きのほうが、文字の色や大きさを変えたり単語を上下左右にレイアウトして並べてみたり、文字だけでなく矢印などの記号を使ったり、さまざまな形で情報に自分なりの「色」を付けやすいからだ。

人間の脳はすぐに刺激に慣れてしまうので、色や形などを利用して、いかに単調にならずに情報を入れるかが重要だ。あとで思い出すときに「フック」になるようなひっかかりをたくさん埋め込んでいく。

ググればすぐにわかるような、誰でも手に入れられる無色で中立な情報に意味はない。情報を自分なりに咀嚼《そしゃく》して、いかに自分なりの意味付けが乗ったアウトプットにできるかが大事なのだ。

いろいろなアイデアの断片を結びつけて新しいものを作るような「ひらめき」を降

りてこさせるためにも、色や配置や図形など、非言語的な要素を活用して考えたほうがひらめきやすい。そうした作業をするには、少なくともまだ今の時点では、パソコンよりも紙やペンといったアナログなツールのほうが便利だ。

僕は原稿の準備としてノートを使うとき、単に単調にメモを書くのではなくて、左ページの図のように「マインドマップ」と「三色ボールペン情報活用術」と「KJ法」を合わせて自分なりに崩したようなやり方で、思いついたことを色や形を駆使した図でまとめている。そうした知的生産のための情報術は世の中にたくさんあるので、いろいろ試してみて自分に向いたやり方を見つければ生産性が上がるだろう。

僕の場合、最初に紙のノートに断片的なアイデアを書き出して、それがまとまってきたらパソコンに打ち込むんだけど、打ち込んでできた文章を推敲《すいこう》する際は、それをまたプリントアウトして読んでペンで修正したりする。

プリントアウトするのはちょっと面倒くさいけれど、モニターで文章を見るよりプリントアウトされた紙で見たほうが、客観的に全体を把握しながら修正できる感じがする。

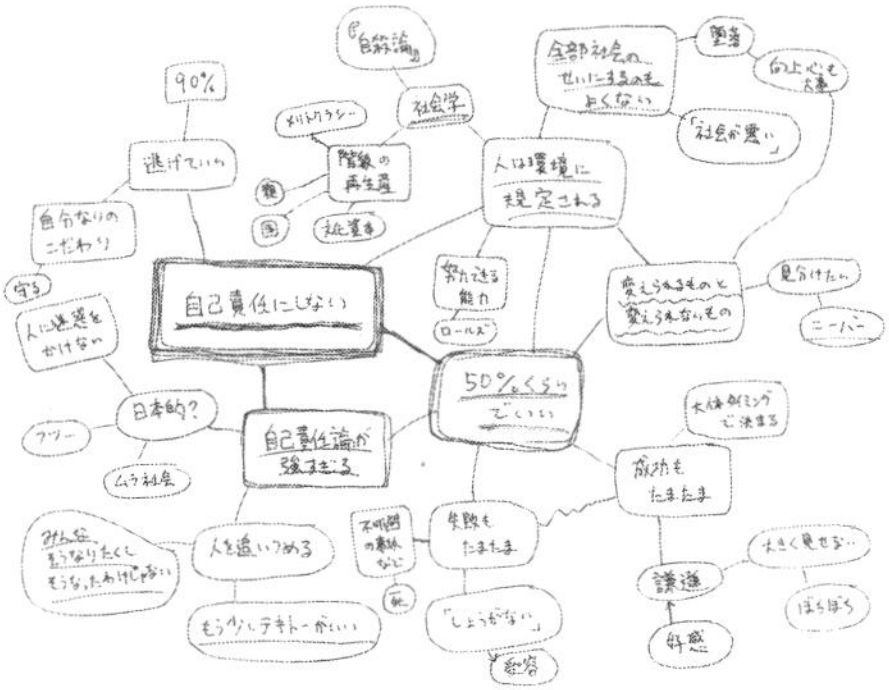

この本を書くときに作った実際のメモ

文章のデータはクラウドに保存しているので、スマホからもアクセスできるようになっている。たまにスマホの小さな画面からも読んだりしてみると、また印象が違う。

パソコン、紙、スマホなど、**見る媒体を変えることでちょっと視点が変わって発想が広がったり見落としに気づいたりしやすくなる。**

まあ、物を考えるときにどういうやり方が合っているかは人それぞれ違うものなので、いろいろ試して自分に合ったやり方を探してみよう。

Check!

『三色ボールペン情報活用術』齋藤孝 著(角川oneテーマ21新書)

LIST-8

過去に固執しない

KEY WORD

コンコルドの誤謬

先日、将棋の中継を見ていたら、羽生善治《はぶよしはる》名人が直前に打ったばかりの歩《ふ》をすぐに成り捨てていて、解説陣から驚きの声が上がっていた。

どういうことかというと、歩を成り捨てると歩を打つ前の盤面と同じでただ自分が歩を一つ損しているという状況に戻るので、「さっき打った歩は間違いでした。ちょっとだけ損するけど、もう一度少し前の状況からやり直させてください」と、直前の自分の判断を即時に撤回した、ということだからだ。

こういう手は、人間には指しにくいと言われている。一度ある方針で流れを進めてしまうと、その決断が間違っていたということを認めたくないという心理が働くからだ。

羽生名人は、その方向転換が功を奏《そう》してその局を見事勝利し、対局後に歩の成り捨てについては、「ちょっと恥ずかしいのですが、仕方がない」と語っていた。

ちなみに今、将棋の世界ではコンピュータが人間のプロ棋士に普通に勝つ状況になっている。

コンピュータの将棋というのは、人間が意識するような流れや意志などを持たずにその場その場で最善とされる手を指すので、人間にはちぐはぐに見える手も多いけれど、それが強かったりすることも多い。自分が過去にした判断や、費やしたエネルギーが無駄だったと認めることはしにくい。

でも、**間違った方向に進み続けるよりは、早めに方針転換をしたほうが傷は浅くて済む。**

「コンコルドの誤謬《ごびゅう》」という言葉がある。これはコンコルドという超音速旅客機の開発における失敗から生まれた言葉だ。

コンコルドはイギリスとフランスの共同開発で莫大な予算をかけて開発された機体なのだけど、完成の前にすでに「将来にわたって収益が望めないので、開発を中止したほうが得だ」という見解が出ていた。

だけど、「今までに投下した資金や労力を無駄にするわけにはいかない」という理由で開発は続行されて、結局予測の通り商業的に失敗した。

株などの投資でもよく言われるのは、「損切りが一番重要だ」ということだ。買った株が値下がりしたとき、多くの人は自分の選択の間違いを認めたくなくて、「もう少ししたら上がるかもしれない……」などと思ってそのまま株を持ち続けてしまう。だけど、その選択がさらに傷を広げることが多い。損を恐れず早めに売ってしまうのが一番賢い選択なのだ。

コンコルドみたいに、偉い人や賢い人がたくさん集まったプロジェクトでもそんな失敗をしてしまうのだから、僕たちみたいな凡人が同じような失敗をしてしまうのは仕方ない気もする。

でもまあ、**そうした過去の失敗のパターンを知っておくことで、自分が同じような状況になったときに少しマシな対応ができるかもしれない。**

「コンコルドの誤謬」は、人間だけの現象ではなく、得るのに苦労したエサを実際の価値以上に大事にするなど、動物も同じような判断ミスをすることがあるらしい。だから、これは本能的な錯覚でもあるんだけど、人間はそうした本能のミスをカバーで

きるだけの知性がある生き物だ。
僕も、生きているとちょくちょく失敗をするけれど、失敗に気づいたら、「あ、ごめん、やっぱ間違ってたわ」とわりと早く訂正するほうだ。たぶん、「カッコ悪い」とか「メンツが立たない」とかをあまり気にしないからだと思う。
間違えた道を選んでしまったときは、できるだけ早めに引き返したほうが傷が浅く済む。自分の間違いを認めて、やり直す勇気を持とう。

LIST-9

高く積み上げない

KEY WORD

「成功」という枷

福本伸行《ふくもとのぶゆき》の『天』というマンガの最終章が好きで、数年に一度は読み返すようにしている。

『天』は麻雀《マージャン》漫画なんだけど、この最終章に限っては麻雀に関することはまったく出てこない。

孤高の天才雀士・赤木しげるが早発性アルツハイマー病にかかってしまい、自分の理性が失われる前に自分の手で人生に幕を引こうとする。

安楽死装置を使って自死しようとする赤木を思い留まらせようとして、かつての仲間や敵が必死で説得を試みる。

その生と死を巡《めぐ》る対話が、単行本3巻分にわたってひたすら繰り広げられるのだ。

中でも好きなのは、赤木と暴力団組長の原田との会話だ。広域暴力団の組長に登り詰め、金も力も十分に手に入れた成功者の原田に向かって、赤木は、次の言葉を突きつける。

「お前は成功を積み過ぎた……！」

「どんなに金や権力を手に入れたところで………実は窮々としている……！　「成功」ってヤツは…人を自由にしないんだ…」

「お前　今…動けねぇだろ…？　満足に…！」

これは、成功することを否定しているわけじゃない。成功を目指すことは、生きることにおいて必要だ。

だけど、成功はいったん得たら、すぐに手放したほうがいい。

なぜかというと、得て積み上がったものが自分を縛る枷《かせ》になって、しがらみだらけで自分の好きなように動けなくなるからだ。

だから、**積んだものはすぐに捨てることが重要なのだ。**

僕は、そう言い放って身ひとつで死んでいこうとする赤木しげるに、憧れてしまうところがある。

僕自身のことを言うと、僕は数年に一度くらい、「ウワーッ、なんかダメだ、すべてにうんざりしてきたし行き詰まってる、今の状況をすべて捨てて別のことをしたい！」と、衝動的に思う癖《くせ》があって、その度に仕事を辞めたり、引越しをしたりしている。まあ、たぶん極度に飽きっぽいのだと思う。

ただ、その飽きっぽさが、積み過ぎて何かに縛られることから自分を救ってくれているような気がする。

成功というのは、結果ではなくそこに至るまでの過程のほうが大事なものだ。

成功しようとがんばる過程は楽しいし生き生きとするものだけど、**目標が達成されてしまうと、その成功した状況が続くことにも飽きてきて、また新しい他のことを求めてしまう。**

人間は同じ状況が続くことに耐えられない飽きっぽい生き物なのだ。

「過去に固執しない」（P58）で見たように、人はそれが失敗であっても過去にやったことにこだわって捨てがたいと感じてしまうものだ。それが失敗ではなく成功だとしたら、なおさら捨てにくい。

でも、成功で得たものも積み過ぎると自分に息苦しさをもたらしてしまう。

だから、ときどきウワーッと奇声を発して、いろんなものを捨てたり壊したりしてみるのは、行き詰まった現状のリセットとしてわりと悪くないことなのだと思う。

何かを得るのも楽しいけど、何かを壊すのも爽快《そうかい》感があって楽しい。現状に疲れたときは奇声を発して何かを壊してみよう。

Check!

『天』福本伸行 著（竹書房）

第 2 章

行動をラクにする

努力しないリスト

NOT TO-DO LIST

怠惰は美徳である？

ちょっと今の社会はがんばりすぎの人が多いんじゃないか、とよく思う。みんな、もうちょっと手を抜いて適当にやってもいいんじゃないだろうか。

もちろん、がんばることがまったく必要ないわけじゃない。どうしてもがんばらなきゃいけないときはあるし、本人がやる気に満ちていて、「がんばるぞ！」って気分のときはがんばればいい。

でも、気力や体力の限界を超えているのに、「もっとがんばらなきゃ！」と思ってしまって体を壊したり、心を病んだりする人が結構いるし、それはもったいないことだと思う。

「がんばるのは無条件でいいことだ」という精神論をまず捨てよう。**がんばることもいいけど、それよりも一番いいのは「がんばらないでなんとかする」ということだ。**

ラリー・ウォールという有名なプログラマのこんな言葉がある。

〝〈怠惰 Laziness〉
〈短気 Impatience〉
〈傲慢《ごうまん》 Hubris〉は、
プログラマにとっての三大美徳である〟

怠惰、つまり怠けることが、なぜ美徳なのだろうか。それは、怠け者ほど仕事をやりたくないので、どうすれば早く効率的に仕事を終わらせられるかを真剣に考えるからだ。

働き者は、多少の面倒くさいことがあっても体力や根性でなんとかしてしまうけれど、怠け者ほど面倒くさがって効率のいい別のやり方を考えようとする。そこから新しい発想が生まれたりする。

また、ハンマーシュタインという昔のドイツの軍人の言葉にこんなものがある。

〝有能な怠け者は指揮官にせよ。有能な働き者は参謀《さんぼう》にせよ。

無能な怠け者にはルーチンワークをやらせろ。無能な働き者には一切の責任を与えるな〟

面白いのは、有能な働き者よりも有能な怠け者のほうが指揮官によいというところだ。怠け者ほど他人に仕事を任せたり、些細《ささい》なことを気にせずに大きな決断をすることができるから、上に立つ人間として向いているということだ。

逆に一番よくないのは無能な働き者で、無能な怠け者よりも悪いとされている。無能な働き者がなぜ悪いかというと、別に何もせずにじっとしていいときでも、やらなくていい余計なことをして事態を悪化させてしまうからだ。

働き者というのは、いつも勤勉で偉いように見えるけど、実は「じっとしているのが苦手だから常に何かをしている」というだけだったりする。「家に帰りたくないから残業する」とか「やることがないから休みの日も仕事する」みたいな感じだ。

結局、そういう場合の働き方というのは、個人の趣味みたいなものだ。「本当にその仕事が必要なのか」という観点から考えると、実はやってもやらなくてもそんなに

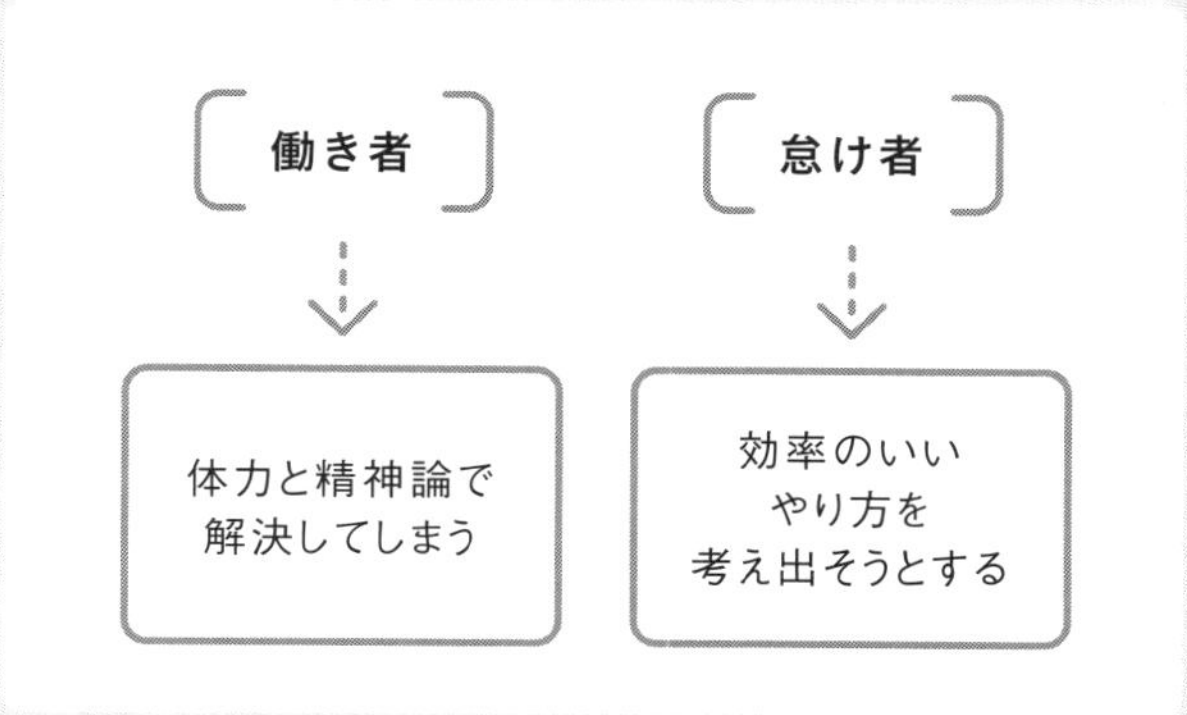

変わらなかったりする。

がんばるのが趣味な人は勝手にそれをやっていたらいいけど、みんながそれをマネする必要はない。

仕事をするために人生があるわけじゃなく、人生を充実させるための手段の一つが仕事であるに過ぎないのだから。

努力をすることは別に偉くないし、無理に働き者になる必要はない。

この章では、がんばりすぎて心や体に負担をかけすぎないように、うまく力を抜いてラクに物事を進めるやり方について考えていこう。

☑ LIST-10

だるさを無視しない

KEY WORD

炭鉱のカナリア

僕はツイッターでしょっちゅう「だるい」とつぶやいている。ツイッターだけでなく、リアルでもよく「だるい」と言っている。昔からの口癖《くちぐせ》のようなものだ。

なんでわざわざ「だるい」とつぶやくかというと、夏の暑いときに「暑い」って言うみたいに、口に出すことでそれがちょっとやわらぐような気持ちがする、というのが一つだ。

そして、もう一つの理由としては、「『だるい』を口に出しても別にいいんだ」というのを広めたいためにやっているようなところもある。

世間では「『だるい』ってあんまり言っちゃいけない」とか「だるさを感じるのは気合いが足りない。もっとがんばれ」という雰囲気があるけれど、それは間違っていると思う。

だるさというのは大事な感覚だ。

だるさを単なる怠惰《たいだ》な気持ちとして無視するんじゃなくて、もっとだるさに敏感になったほうがいい。

だるさを感じるときは、「体調が悪い」とか「精神状態が悪い」とか「今やっていることがあまり好きじゃない」とか、そうした漠然とした現状への違和感が体や気分のだるさとして表れているのだ。

だるさというのは、ちょっと休養したり方向転換したりしたほうがいい、という体からのシグナルなのだと思うようにしよう。

だるさを無視して働き続けたりすると、病気になって寝込んでしまったりするから、だるさを感じ始めた初期の段階で自分のケアをしたほうがいい。だから、「今日はだるいので」という理由で堂々と会社を休んでも個人的にはいいと思うんだけど、なかなか現在の社会ではそれは通りにくいだろう。

まあ、そういうときは仮病《けびょう》を使って「風邪を引いてしまったので」と言うようにしよう。会社も会社でいろいろ体裁があるだろうし、少しくらいはこちらも折れよう。嘘《うそ》も方便だ。

本当はだるさをこじらせて病気になる前に休んだほうがいいのに、ただなんとなくだるいという時点で休むと顰蹙《ひんしゅく》を買ってしまって、実際に病気になって倒れないと休むことを許されない、というのは変な話だと思うけれど。

人一倍だるがりですぐに疲れてしまう自分は、社会の中での「炭鉱のカナリア」みたいなものだと思ったりする。

昔の人は、炭鉱に入っていくときに、カナリアを籠《かご》に入れて連れていった。炭鉱にはところどころに危険なガスが発生しているのだけど、ガスの溜まっている場所に入ると人間より先にカナリアがガスを察知してグッタリして鳴き止むので、その場所が危険だということがわかるという仕組みだ。

人間の社会でも同じように、**ストレスに弱い人のほうが状況のおかしさを一番早く察知できる。**

体力や精神力のある人は理不尽な状況でも結構耐えてがんばってしまうけど、僕はそういうときに真っ先に弱るほうだ。

カナリアと違うところは、籠の中でグッタリするのではなく、誰よりも先に逃げて

しまうところだけど。

本当にすごくすごくやりたいことや、「これは絶対に必要だ」と心の底から理解していることをやるときには、だるさなんて忘れてしまうものだ。「だるいな」「なんかやる気しないな」と思った時点で、それは方向性とかペース配分とか、何かが少しうまくいっていないということなのだ。

だるさを感じたときは、自分のやっていることをちょっと見直す機会だと思うといいだろう。もっとだるさに敏感になろう。

LIST-11

元気でいつづけない

KEY WORD

強制的休暇

僕は昔から冬が苦手だ。日照時間が少ないから気分が暗くなりやすいし、何と言っても寒いのがつらくて、全般的に活動エネルギーがなくなってしまう。

外に出たり人に会ったりするのはせいぜい週に一度か二度で、一日中寝たきりのときも多い。ひたすらネットをだらだら見るくらいしかできなくて、料理を作るのも面倒で寝ながらベッドで菓子パンを食べつづけていたりする。

冬は半分冬眠していると言ってもいいかもしれない。冬ほどじゃないけど夏もそんなに得意じゃなくて、ほとんど暑くてぐったりしている。

だから、1年のうちで快調だと言える期間は、春と秋の、合わせて5～6ヵ月くらいだろうか。

あと、雨が降ると低気圧のせいなのか、頭も体も押さえつけられているような感じがして息苦しくなる。だから、雨の日も家でひたすら寝ていることが多い。夏、冬、雨の日はダメだと考えると、僕が順調に活動できる日は1年のうちで半分以下かもしれない。

そう考えると、かなり不便な体質みたいだけど、僕自身はそんな自分の体質にもよい点があるんじゃないかと思っている。**ずっと途切れなく活発に活動していると、疲れたり無理が溜まったりして潰れてしまうから、定期的かつ強制的に休む時期があるのはよい。**

社会では数年や数十年間仕事もがんばりまくって、病気になって倒れて1年やそれ以上休んだりするような人もいる。

そんなふうに倒れてしまうよりは、定期的に1年のうちのこの期間は活動が控《ひか》えめになると決まっているほうが計画を立てやすい。

心身の不調も季節のせいだと思えば、数ヵ月すれば解決することが約束されているわけだから気もラクだ。

休みの時期は休みの時期で、できることも多い。

部屋にゆっくりと籠《こ》もって、最近の自分がやっていたことを考え直すとか、持ち物を整理するとか、惰性《だせい》で続けているよくない癖《くせ》（無駄遣いやお酒、ジャンクフードなど）をいったんリセットするのにもちょうどいい。

休みの時期は、やる気や活動エネルギーを充電して次の活動時期に備えるという効果もある。

僕の場合、冬の寝込みが激しい年ほど、その後の春は反動で元気いっぱい活動できる感じがある。

あと、僕はわりと頻繁《ひんぱん》に風邪を引いて寝込むんだけど、それもときどき必要なことだと思っている。

整体をやっている知人が、「ときどき風邪のような軽い病気にかかることで体の疲れやゆがみを発散してやったほうがいい。風邪を引かずにがんばって体の疲れやゆがみを溜め込みつづけると、大きな病気になってしまう」と言っていた。

たしかにそういうのはありそうな感じがする。**病気の症状というのは体が自分に教えてくれるSOSみたいなもの**だから、不調には逆らわず、病気のときはゆっくり休

んだほうがいい。
冬とか雨の日とか風邪を引いたときにやる気がしないのは、それはそれで意味があるのだ。そういうときは素直に休んだりだらだらしたりしたほうが、また調子が良くなったときに万全な感じでがんばれる。
休むことに後ろめたさや罪悪《ざいあく》感を持つ必要はない。ときどき積極的に休んだり寝込んだりしよう。

LIST-12

自分を大きく見せない

KEY WORD

ぼちぼちでんな

「だるさを無視しない」（P72）で書いたように、僕はいつも「だるい」とか「めんどくさい」とかそういうことばかり言っている。そんなことを口に出す理由は「だるさを肯定したい」のほかに、「自分を大きく見せたくない」というものもある。

他人には「こいつはダメな奴だし変な奴だ」と思われていたほうがラクだ。そのほうが「この人はこういうことをやってくれるはずだ」とか「この人に任せよう」みたいな期待を押し付けられずに済むからだ。**他人から期待されないほうが自分の好きなように行動がしやすい。**

「他人からすごいと思われたい」みたいな人が世の中には多い気がするけど、そういう人の気持ちはよくわからない。大変そうだなと思う。

「自分を大きく見せない」というのは、長年のネット生活で培《つちか》ったところもある。

「俺はすごい！」とか「俺はうまくいってる！」みたいなオーラを発信していると、ネットではすぐに炎上してしまうのだ。

ネットは、人間のネガティブな感情が暴走しやすい空間だ。現実世界だと軽蔑《けいべつ》されそうで言いにくいようなカッコ悪い発言も、危ない奴だとか、おかしい奴だと思われそうな不穏当《ふおんとう》な発言も、ネットの不特定多数の匿名《とくめい》の中に紛れていると、気軽に発言できてしまう。

そして、攻撃的な発言がたくさん集まると、集団心理の効果でどんどん歯止めが効かなくなってヒートアップしていく。インターネットはそういう怖い場所だ。そんな一触即発のネット空間では、「俺はダメだ」とか「何もわからん」とか言っているほうが嵐を避けやすい。

僕の知人は、「仕事がうまくいった」とか「海外旅行楽しい」とか、いいことはフェイスブックなどの、友人しか見ることができないクローズドなＳＮＳに書くようにしている。

そして、「仕事が行き詰まっている」とか「財布を落とした」とか、つらいことやイヤなことがあったときだけ、ツイッターやブログなどの、誰でも見ることができる場所に書いている。ネットを生き抜くための知恵だなと思う。

あと、僕は関西出身なんだけど、関西人的なコミュニケーションの仕方も影響しているかもしれない。

関西の人間は、他の地方の人に比べて、すぐに「俺ほんまアホやわ」とか「(身内を紹介する際に)こいつほんまアホやし」とか「最近どう?」「どうもあかんなあ」みたいにネガティブな発言を気軽にするところがある。

それは挨拶《あいさつ》みたいなもので、実際にはそんなにダメなわけではないことが多い。自分を下に見せることは、相手をリラックスさせるための気遣いみたいなものだ。

古典的な例で言うと、「もうかりまっか」と聞かれたとき、すごく儲かっていても自慢はせずに「ぼちぼちでんな」と答えて、ちょっといまいちくらいのときでも、大《おお》袈裟《げさ》に「いや〜、全然あきまへんわ」と答えるようなのもそうだ。

自慢をしないほうが、人に反感や妬《ねた》みを持たれないので得だ。「名より実をとる」と言ってもいいかもしれない。

人に下に見られることを恐れる必要はない。僕は他人に下に見られることは、まあ当たり前のことなんじゃないかと思っている。

たとえば、Aさんから見ると世界の中心はAさんなんだから、僕の存在なんて取るに足らないものだ。誰にとってもその人自身が世界の中心だし、自分自身の価値観が絶対的な基準であるのは当然のことだ。

だから、自分が他人の世界の中で取るに足らない存在であったり、他人の価値観でダメな人間であっても気にする必要はない。他人の評価なんてどうでもいい。自分が自分自身の世界の中でそれなりに自己評価できるかどうかが重要だ。

自分をわざわざ大きく見せることをしなくても、自然な自信を持てるような状態を目指していこう。

☑ LIST-13

睡眠を削らない

KEY WORD

寝ないと早死にする

マンガ家の水木しげる先生の「睡眠のチカラ」というたった2ページのマンガがすごく印象に残って忘れられない。

エッセイ的なマンガで水木先生本人が出てくるのだけど、出版社のパーティーで手塚治虫と石ノ森章太郎の二人に会って、睡眠の話をするのだ。

手塚、石ノ森の両氏は、

「最近忙しくて徹夜ばかりです」

「わたしは徹夜二日目です」

「ぼくなんか三日目です」

などと話すのだけど、その二人に向かって水木先生は、

「自分はどんなに忙しくても十時間は寝ています」

と言うのだ。

「そりゃあうらやましいなあ」

そう言う二人に対して水木先生は、

「睡眠をバカにしてはいけない、睡眠こそが長生きや幸せのすべての源だ」

と力説するんだけど、二人とも笑ってあまり真剣に取り合おうとはしない。

そして最後のコマでは、

「…というわけで両氏は早死にしてしまったんだなあ」

と、水木先生がぼやいて終わるのだ（手塚、石ノ森の両氏は60歳で死去、水木先生は2015年に93歳で大往生された）。

やはり、**ゆっくり十分眠れない生活は、どこか生き物として間違っているんじゃないかと思う。**寝ないと人間は体を壊したり心に余裕がなくなったりするし、睡眠は命の基礎だ。

僕が会社員をやめて今のようなふらふらした生活に入ったときも、一番うれしかったのは毎日決まった時間に起きなくてよくて好きなだけ眠れることだった。大体毎日8時間くらい寝ているけれど、たまには10時間から12時間くらい寝たりもする。

世の中には短時間睡眠でも平気な人もいるみたいだけど、僕は眠らないとまったくダメだ。5時間くらいしか眠らないで起きると、その日は一日中頭がまともに働かないし、すごく他人にイライラしてしまったりする。徹夜なんてもってのほかだ。徹夜なんてすると生活リズムが滅茶苦茶になって、その後2日くらい使い物にならない。

会社員のときは、前日にうまく寝つけなかったりすると、睡眠不足のせいで死人のような顔で出社していた。寝不足だという理由だけで、「今日は熱が出たので……」などと仮病《けびょう》を使って休んだことも結構あった。

寝不足という理由で会社を休むことは、この社会ではあまり認められていない。そんなことで休もうとすると、「何言ってんだ!」って怒られそうだ。でも、個人的には**寝不足で仕事をするなんてことは非人道的な拷問《ごうもん》のようなもの**だと思う。

それに比べると今の生活は、毎朝起きなくていいというだけで天国だ。

長く眠ると夢を見ることが多い。夢というのは大体、現実とは違う世界に連れて行かれて変な体験をさせられるもので、すごいアミューズメントだと思う。

本を読んでも映画を観ても遊園地に行っても、夢を見ているときほど現実を忘れて別の世界に完全に没入することはできない。

まあ、たまにしんどいような悪夢もあるけど、悪夢は悪夢で夢から覚めたときに「ああ、夢でよかった……」と普段慣れ親しんだ日常のありがたさを思い出させてくれるものでもある。

眠るのは気持ちがいいし、夢を見るのも面白いし、何より眠るのはタダだし、睡眠というのはすごくよくできた娯楽だと思う。眠りを大事にして生きよう。

Check!

『人生をいじくり回してはいけない』水木しげる 著（日本図書センター）

☑ LIST-14

一人でやろうとしない

KEY WORD

みんな頼まれたがり

何かをするときに「人に任せずに何でも自分一人でできるだけやってしまいたい」という「自分でやったほうが早い病」の人がときどきいる。

僕は、そういう人はエネルギーがあってすごいな、すごいがんばり屋だ、と思うけど、あまりマネをしたいとは思わない。

むしろ、**できるだけ自分ではやらず、人にやらせたいといつも思っている。**そのほうが疲れないのでラクだし。

「自分でやったほうが早い病」になってしまうのは、完璧主義すぎたり、他人をあまり信用できてなかったりするせいじゃないだろうか。

でも、世の中に完璧なんてないんだし、一人でできることには限界があるし、適当に人に任せて適当にできあがる部分があるぐらいが自然なものだ。

僕はシェアハウスを作ったり、オフ会をしたり、人を集める企画やイベントをときどきやるんだけど、大体いつも人を集めるだけ集めておいて、自分では働かないことが多い。

僕は体力がないから、他の体力のある人に動いてもらったほうがいいというのもある。人には向き不向きがあるから、それぞれ得意な分野を分担したほうがいい。

また、一人でやるとどうしても労働力的に限界があるから、多人数で分担する方法を考えたほうが全体の伸びしろがある、ということも考えている。

あと、最も大事な点は、**人は結構何かを頼まれたがっている**、という点だ。大体みんな、よっぽど余裕がないとき以外は、誰かに声をかけてもらいたかったり、頼りにされたがっていたりするものだ。

それは、人は本質的に孤独だからなんだろう。何かを頼んだり頼まれたりすることで、それをきっかけにコミュニケーションが生まれたり、信頼関係や友情が生まれていったりする。

やることがなくて手持ち無沙汰《ぶさた》にしている人に何かをお願いすると、その人もうれしいことが多いし、人に何かをやってもらうのはよいことだ。

ただ、何でも「やってやって」と頼むだけじゃ人は動かない。人に何かをやってもらうときに大事なポイントは次の3つだ。

① 低姿勢でお願いをする

頭を下げて「やってくれたらとても助かるし、うれしいんだけど……」みたいな感じで柔らかく頼む。

② やってもらえたらお礼をする

「ありがとう」という言葉は忘れないようにしよう。それを言うかどうかでまったく印象が変わってしまう。

言うだけならタダだし、ケチらずに「ありがとう」を言おう。

③ 逆に自分が何か頼まれた際には、引き受けるようにする

頼みを聞いてもらう代わりに、何かの際には自分もあなたの力になります、という態度を取るようにする。実際は無理だったとしても、そういう雰囲気だけでも出しておくとよい。

直接の見返りがなくても「なんとなく相手に貸しを作った」というだけで人は満足するからだ。

自分一人で全部やってしまうよりも、人に手伝ってもらったほうが幅広くいろんなことができるし、人間関係や信頼関係も広がる。

ラクに生きるために「頼み上手」や「頼まれ上手」になろう。

LIST-15

すぐに決めない

KEY WORD

頭の中の小人に任せる

僕は優柔不断というか、何かを決めるのが苦手だ。生きていると、毎日決めなきゃいけないことだらけで苦労する。

昼ごはんに何を食べるか。家で作るか外で食べるか。外で食べるならどの店に入るか。店に入ったらどの席に座るか。ランチメニューと通常のメニューと、どちらの満足度が高いのか……。

僕はいつも、「ちょっと待って、考えさせて」と口癖《くちぐせ》のように言ってしまう。日常は選択の連続で大変だ。スパスパと決断の早い人が、ときどきうらやましくなる。

でも、決断が遅いことにもいいところがあるかもしれない、とも思っている。決めるまでに時間をかけたほうが、しっくりとくる決断ができたり、いいアイデアが浮かんだりすることがあるからだ。

物を書く人のあいだでよく言われることとして、「何かアイデアを思いついたとき、それをすぐに書くよりも、数日とか一週間とか寝かせてから書いたほうがいいものができる」というのがある。これは僕も文章を書いていて実感する。

アイデアの出し方についての教科書的な本であるジェームス・W・ヤング『アイデアのつくり方』という本では、アイデアを出すときのやり方が次の5段階に分けられている（薄くて読みやすい本なので、興味を持った人は読んでみよう）。

1. 資料を集める
2. 集めた資料を読み込む
3. 調べたことを完全に忘れて別のことをする
4. そうすると、ふとしたときにアイデアが降りてくる
5. 思いついたアイデアを実現可能なように調整する

この本でも、「3」の段階のすべてを忘れてしばらく置いておく、という過程が一番重要なものとされている。

こういうのは、無意識の中に住んでいる「頭の中の小人」が働いてくれているのだ、と僕は思っている。小人というのは、グリム童話に出てくる、靴屋が眠っているうちにやってきて仕事を仕上げてくれる、あの小人のことだ。**自分では意識できない脳の無意識の部分でも、実はいろいろな情報処理がされている。**

だから、情報を脳にインプットして、しばらく放置して忘れてしまっても、その間に無意識で小人が働いてくれていて、いつの間にかそれなりに考えがまとまっている、という仕組みだ。

そう考えると、ピンと来ないときは、すぐに決めずになんとなく待ってみる、というのが結構有効だったりするのだ。

情報を寝かせるためには、いったんすべて忘れてしまって、また後で続きを再開できるようにメモを残しておくのがいい。

メモを残すときのコツは「未来の自分は他人だと思う」ということだ。何も知らない他人が見ても理解できるように情報を整理しておく。普段からそういうふうにメモを作っておくと、自分自身の理解も深まるし、やっていることを他人に引き継ぐ能力も高まる。

あと、決断が早い人よりも決断が遅い人のほうが、優しさがある気がする。優柔不断でためらいがちな性格というのは、「自分は間違っているかもしれない」という謙《けん》虚《きょ》さにも繋《つな》がっているからだ。

そうした柔らかさがあったほうが、人間関係がスムーズにいくことは多い。

だから、何でも早く決めればいいというものではない。ある程度放置したほうが自然にいくこともある。無理して早く決めようとせず、焦らずにゆっくりと自分のペースで決めよう。

Check!

『アイデアのつくり方』ジェームス・W・ヤング 著（CCCメディアハウス）

LIST-16

イヤなことをしない

KEY WORD

会社員という適性

「仕事というのは、イヤなつらいことを歯を食いしばって、ひたすら耐《た》えてがんばってこそ成果を残せるのだ！」みたいなことを言う人がたまにいるけど、そんな変な話はないだろうと思う。人生はそんなマゾゲーじゃない。

大体、そういうことを言う人は、**その人自身が「つらいことに耐えて何かをがんばる」というのが好きなだけで、単に個人の性癖《せいへき》だ。**

そういう人がそういう主義でがんばるのは別にいいんだけど、普通の人にそれを押し付けたり、普通の人がそれをマネて、「つらくてもがんばらなきゃ」って思ってしまうと不幸になる。

仕事で成功を収めている人というのは、大体の場合、自分の適性を見つけて自分に向いていることをひたすらやり続けた人だ。「イヤなことでも歯を食いしばってやたという人もそうで、それは彼が「イヤなことでもがんばる」というのに向いていれ」というだけだ。

僕が会社を辞めたのも、「がんばれなかった」というより「適性がなかった」というのが理由だったと思っている。

「毎朝決まった時間に起きて、パリッとした服を着て、たくさんの人と同じ空間で長時間を過ごす」という会社員時代の毎日が、僕にとってはとても苦痛だったのだけど、どうもそれを苦痛だと思わない人が会社には多いみたいだった。

「僕が必死にがんばってやっていることを、みんなはまったく苦労とも思わずこなしている。そういう人たちと同じ土俵で闘っても負けるだけだしバカバカしい」

そう思って、僕は会社を辞めた。

そもそも苦労をすればうまくいくかというと、そんなに関係なかったりする。

人生なんて結構タイミング次第だ。

うまくいかないときはいくらがんばってもうまくいかないし、うまくいくときはそんなにがんばらなくてもスッと物事が進むものだ。

「自分だけで独占しない」（Ｐ36）でも書いたけれど、どんな場所でも長期的に生き残るのは、「自分のイヤじゃないことを自分に無理のないペースでやっている人」だ。

僕もそうなんだけど、最近は文章でも音楽でもイラストでも、ネットからデビューする人が増えている。

自分の好きなものを淡々と作ってネットにアップしていると、ネット住民の間で「これは面白い」というのが噂《うわさ》になって広まって、そうすると出版社などが「これを商業的に出しませんか」というオファーをしてくる、という感じだ。

自分が好きなことをひたすら続けていれば、そのうちそれはどこかに繋《つな》がってくるものだ。

もちろん、人生というのは思いどおりにいかないものだから、つらいけどイヤなことをやらなきゃいけない状況はある。そういうときは仕方がないからがんばるしかないんだけど、「こんなにがんばってるから報われなきゃおかしい」と思ってはいけない。がんばるかどうかと報われるかどうかは別問題だからだ。

結局、そういうつらい状況もタイミングの問題に過ぎない。だから、つらいときは、「ラクなことばかりじゃないけど、まあ人生そんなもんだよな」と思って頭を低くして待っていればいい。そのうち風向きが変わって少しラクになるときが来る。

興味のないことや嫌いなことをイヤイヤやる必要はないので、できるだけ自分が面白いと感じられることだけしよう。

心が健康で余裕がある状態なら、自然といろんな新しいものに興味が湧いて、そのときの自分に必要なものが面白く思えてくるはずだ。

もし、この世にあるものが何一つ面白いと思えないときは、それは精神か肉体が疲れきっているということなので、少し休憩をしよう。

LIST-17

土日を特別視しない

KEY WORD

休んでも回る組織

この世は、平日の世界と土日の世界の二つに分かれている。土日が休みの会社員をやっていると、平日の昼間に自分が住んでいる町がどんな雰囲気なのかをあまり知ることがない。

でも、**それは世界の半分しか知らないようなもので、もったいないと思う。**ときどき有休を取るなどして、平日の昼間の世界をのんびりと味わってみよう。

会社員を辞めてよかったと思うのは、平日の昼間にぶらぶらできることだ。とにかく僕は人が多いのが苦手なので、土日はどこに行っても人が多くて落ち着けない。ファミレスやスーパー銭湯や河原や山など、平日はどこも人がいなくて空《す》いているので、土日に行くのと同じ値段で倍以上の快適さを味わうことができる。

僕は今では、土日は人が多いのでどこにも行かず、引きこもって過ごすことが多くなってしまった。

旅行も好きな時期にできるとラクだ。土日や盆正月などは、宿泊代や移動代が高くなるからだ。

オフシーズンの平日だと、ＬＣＣ（格安航空会社）を使えば数千円で飛行機に乗れるし、宿にも安く泊まれることが多い。会社員を辞めたことで収入は何分の一かになったけど、世間の休日とずらして動けることの快適さも考えると、結構不満はない感じだ。

そもそも日本の会社がみんな、同じ日時に働いて同じ日時に休むというのをやりすぎで、人の動きが偏りすぎていると思う。

そのせいで通勤時間の満員電車は異常な窮屈《きゅうくつ》さだし、盆正月やゴールデンウィークには高速道路の渋滞や行楽地の混雑もひどい。

もうちょっと日にちをずらして休めるようになれば、みんながラクになるんじゃないだろうか。

知り合いの会社で、週休２日のうち土曜と日曜を休むか、水曜と日曜を休むか選べるという会社があったのだけど、もっとそういう試みが増えていいと思う。

「仕事をすること」と「出勤をすること」はイコールではない。今はインターネットがあるから在宅勤務で何とかなる部分も増えているはずだ。

それでも会社の休日を土日以外にずらすのが難しいのは、「とりあえず毎日出勤して職場にいないと一人前と見なされない」という、部活動的な一体感を求める空気が根底にあるんじゃないだろうか。

でも、**みんなが出勤していないと回らないシステムというのは結構脆《もろ》い。**普段から休みを取りにくいので働くのもしんどいし、誰かが退職したときに穴を埋めるのも大変だ。

みんなが出勤していないと回らない組織よりも、一人や二人が休んでも他の人間で回していける組織のほうが優れている。

そういった組織にするためには、普段からみんなが気軽に有給を使って平日に休むようにしていったほうがいい。「あの人はいつも休まない」というふうに思われていると、休まないことが前提で仕事が組み立てられていくので、たまに休むとみんなが

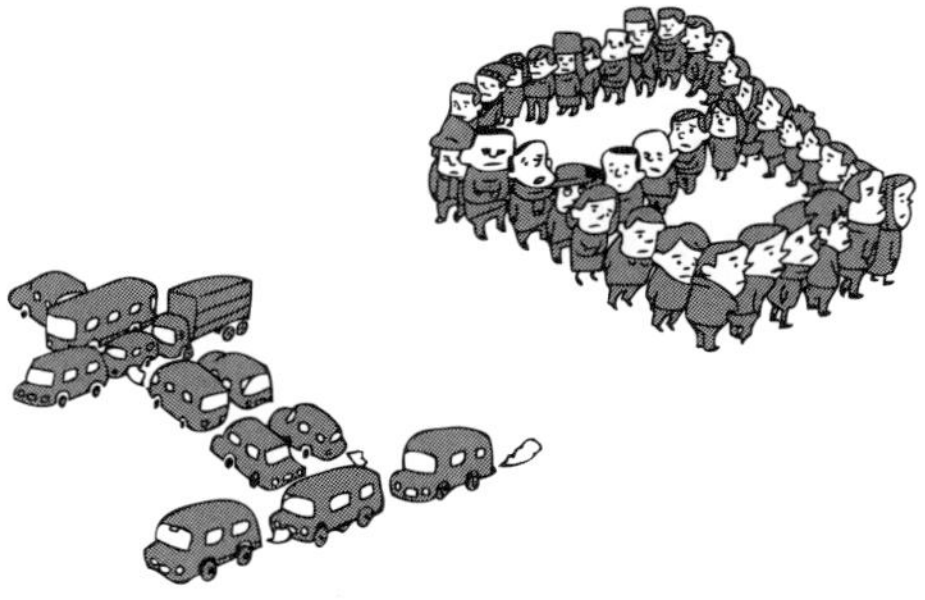

すごく困ることになる。

「あの人はときどき休む」というふうに思われていれば、休んでもなんとか回るような準備ができてくるので、休みを取りやすくなる。

本当に会社のことを思うなら、自分がいつ車にはねられても会社が回っていくように、普段からちょくちょく休みを取るようにしておこう。

LIST-18

一ヵ所にとどまらない

KEY WORD

人が変わる3つの方法

第1章では「自分の身のまわりの環境をスッキリさせる」ということについていろいろと見たけれど、身のまわりの環境を調整するだけだと、やっぱり限度もあって飽きもくる。だから、ときどき遠く離れた場所に行って、根本的に別の環境に身を置いてみるのがいい。

ある日ネットを見ていたら、経営コンサルタントの大前研一さんの次のような言葉を見つけて、「たしかにそうだな」と納得した。

〝人間が変わる方法は3つしかない。
1番目は時間配分を変える。
2番目は住む場所を変える。

３番目はつきあう人を変える。

この３つの要素でしか人間は変わらない。最も無意味なのは、「決意を新たにする」ことだ〟


人が考えることや行動することって、知らず知らずのうちに環境に影響されているものだ。普段の生活で目にする、住んでいる家や街やまわりにいる人たちが、思考や発想の自由さを制限する。

だから、**何かに行き詰まったり、何かを変えたいと思うときは、「気持ちを入れ替えてがんばろう！」と精神論で自分を変えようとするよりも、まわりの環境を変えたほうがいい。**

引越しとか転職とか、ガラッと大規模に環境を変えてしまうのもいい。

でも、そこまでやるのは結構大変だから、とりあえず旅行に出てみるくらいが試しやすくていいと思う。

僕は、日常に行き詰まった気分のときは、ふらっと何も決めない旅をすることにしている。

当日、適当に電車か高速バスに乗って、行く途中でスマホで宿を探して、安いビジネスホテルなどに適当に泊まる、みたいな感じだ。

別に特別な観光とか贅沢《ぜいたく》とかはしないんだけど、ぼーっと電車やバスに揺られていつもと違う景色を見て、いつもと違う食事をしていつもと違うベッドで寝るだけで、だいぶ気分が変わる。一泊二日の旅でも充分リフレッシュ効果がある。

家から離れた土地に行くと、自分の普段の生活について、ちょっと客観的な感じで見直すことができる。

「毎日職場の人にイヤなことを言われて我慢しているのは、よく考えたらおかしいよな。今度会ったらはっきり言おう」とか「最近いつも惰性でジャンクフードばかり食べてたのを反省しよう」とか、**普段からモヤモヤしていた何かがはっきりと浮かび上がる。**

人は何かものを考えるとき、「そのときに自分がどこにいるか」という地理的な条件に結構左右されるものだ。

普段、東京にいると、東京がすべての中心のような気がするけど、地方に行くと東京なんて全然意識せずに、それぞれの地方の暮らしが行われていることに気づく。海外に行くと日本では当たり前の習慣が単なるローカルルールであったことを思い知らされたりする。

都会から田舎に行くと、都会について客観的に見直すことができるし、田舎から都会に出ると田舎のことをちょっと違った視点から考えられる。

思想家の東浩紀《あずまひろき》さんの『弱いつながり』という本では、今はネットで検索すれば何でも知ることができる世の中になったけど、実際に足を運ぶ重要さは減っていない、ということが論じられている。

たしかに、今は検索すれば何でも知ることができるけど、「自分が何について知りたいか」という動機（検索ワード）を持つためには、ネットで見るだけでは不十分で、実際にその場所に行ったりしてリアルな体験をすることが必要だ。だから旅は重要なのだ。

ネットはかなり発達したけれど、家でパソコンに向かってできるバーチャルな体験だけですべて満たされるということはまだ全然なくて、これからも旅や移動の重要性は下がらないだろう。一つの場所にとどまらず、ときどき移動をしよう。


Check!

『弱いつながり　検索ワードを探す旅』東浩紀 著（幻冬舎文庫）

第 3 章

意識をラクにする

自分のせいにしないリスト

NOT TO-DO LIST

自己責任は50%でいい？

ちょっと今の社会は、何か事件を起こしたり、生きるのが下手だったりする人に対して「自己責任だ」とか「ちゃんと考えて生きていればそんなふうにはならない」とか、責める声が大きいということを感じる。

たしかに、本人にも責任はあるかもしれないけど、生きていると個人ではどうしようもないことも多いと思うのだ。

現在うまくいっていない人だって、そうなりたくてそうなっているわけじゃない。生まれ育った環境や本人の責任じゃない突発的なトラブルが原因でうまくいかなかったりして、仕方なくそうなっているだけだ。

個人を責めてもそこからは何も生まれないことが多いし、それよりも「誰かが悪いわけじゃないし、仕方ない。つらかったね」とフォローしてあげることのほうが大切なことだ。

僕がそういう人生観を持った理由の一つとして、社会学の本をたくさん読んだ影響がある。

社会学という学問は、人間の行動を社会の影響から説明することが多い。

たとえば、「景気の良さと自殺率は関連している」とか「お金のある家に生まれた子どもはいい学校に進学して高収入になる確率が高い」とか、そうしたことを考えたりする。

もちろん人間は一人一人違っていて、社会からの影響だけでその人の人生をすべて語れるものじゃない。でも、統計的に見ると、「こういう環境に置かれた人はこうなる確率が高い」というデータは出すことができる。

そんなふうに「人間は環境に規定される」という視点を持つと、何かに失敗した人、もしくは何かに成功した人が、すべてその人自身の責任でそうなっている、というのを単純に信じられなくなってくる。

個人の努力ではどうしようもないことが人生には多い。人間は誰でも、突然予想外の事故や災害や病気などに襲《おそ》われて、人生がつらいことになる可能性がある。今、特に問題なく暮らせている人も、「たまたま運が良かっただけ」に過ぎないのだ。

だけど、だからといって「すべて社会のせいだ」と考えるのもよくない。それは、個人の向上心をスポイルしてしまうからだ。

実際は個人の努力である程度何とかなることも多いのだけど、「すべて社会のせいだ」と考えるとがんばる気をなくしてしまう。

だから、すべて自分のせいでもないし、すべて社会のせいでもない。**「自己責任は50%、自分ではどうしようもないことが50%」というくらいに考えておくのが、自分に甘すぎず厳しすぎず、ちょうどいいくらいのバランスなんじゃないだろうか。**

アルコール依存症などの自助団体でよく使われる「ニーバーの祈り」という文章がある。

〝神よ、私達にお与えください。
変えることができるものについて、それを変える勇気を。
変えることができないものについては、それを受け入れるだけの冷静さを。
そして、変えることができるものと変えることができないものを、見分けられる知恵を〟

（ラインホルド・ニーバー）

アルコール依存症という病気は、一度なってしまうとなかなか抜け出すのが困難なものだけど、自分で変えられる部分をなんとか見つけて、変えていこうという意志を持つことが大事だ。どれが変えられるものでどれが変えられないものなのかを見分けるのが、一番難しかったりするのだけど。

「すべて自分で変えないといけない、自分にすべての責任がある」と思って生きるのはしんどいものだ。「人生には自分自身ではどうしようもない、自己責任じゃない部分がたくさんあるんだ」という認識をするだけでも、少しラクに生きられるし、他人にも優しくなれる。

この章では、責任を過剰に背負って潰《つぶ》れてしまわないために、また、他人にも寛容《かんよう》になるために、「自分のせいにしない」という視点について考えていきたい。

LIST-19

二択で考えない

KEY WORD

すべてはポジショントーク

結局、人の発言はすべてポジショントークに過ぎないんじゃないか、ということをよく考える。

人間は自分がどういう環境で生まれ育ってどういう立場にいるかによって、見えるものが全然違ってくる。そして、見えるものが違うと考えることも異なってくる。物事なんて、「どういう立場から見るか」という目線の置き方によって丸にも三角にも四角にも見えるものだ。

世の中には議論や揉《も》め事がたくさんあるけど、それぞれの立場にそれぞれの正しさがあって、誰かが100%正しくて誰かが100%間違っているということはあまりない。

その人がいるポジション、その人が今までの人生で経てきた経験、その人のまわりの人間関係、その人の性格の癖《くせ》など、いろいろな要素で、Aという意見を支持するか、Bという意見を支持するかが変わってくるだけのことなのだ。

　ポジショントークというと、一般的には「偏ってる」「よくない」みたいなイメージがあるけれど、結局、**人間は自分のポジションを基礎にしてしかものを考えられないので、ポジショントークを肯定的に捉《とら》えることが大事だと思う。**それが他者の存在を肯定することにもつながる。

　世の中にはいろんな人がいて、それぞれのポジションにいないと見えないものがたくさんある。

　だから、いろんなポジションのいろんな考えの人が存在してそれぞれが意見を交換できるように、人間はこんなにたくさんいるのだ、と考えよう。

　自分に見えないものが彼には見えるし、彼には見えないことが自分には見える。たくさんの人がそれぞれに世界を見て、ものを考えて、その意見を交換したりぶつけ合ったりして影響を与え合って、多様な物事が生まれて変化していくというのがこの世の面白いところだ。

　逆に、みんながみんな自分と同じ顔をして自分と同じ考えを持った世界を考えてみるとゾッとするだろう。

そんな世界だったら僕ならすぐに自殺してしまいそうだ。

AかBかという二択ではなく、「みんなそれぞれ正しいところもあるし、それぞれ間違ってるところがある」「みんなそれぞれの立場と事情を抱えて一生懸命生きている」という想像力を持てば、自分と意見の違う人や嫌いな物事にも少しだけ優しくなれる。

ラクかどうかでいうと、「Aが正しい、Bが間違ってる」と単純に決めつけてしまったほうが圧倒的にラクだ。「自分の意見は間違っているかもしれない」なんていうややこしいことを考えなくていいからだ。

だけど、**そのラクな道は、自分と違うものを簡単に切り捨ててしまう、単純で貧しい世界に繋《つな》がっている道だ。**

「AでもなくBでもなく」と迷いながら、どちらにも偏り過ぎない中間の道を探っていく粘《ねば》り強さが、柔かく生きていくには必要なのだ。

何か対立があったときは、「こちらの意見が絶対正しい」とか「あいつらは何もわかってないバカだ」というふうに、考えの違う相手を全否定するのではなくて、どちらにもそれなりに言い分と事情があるということを想像しよう。そして、なんとかすり合わせができる部分を探っていこう。

そうした他者に対する寛容さを持っているほうが、結局、自分自身もラクに生きられると思う。

☑ LIST-20

自分の実力にしない

KEY WORD

成功は運次第

僕は、自分が何かうまくいったり誰かに勝った場合も、あまり誇らしい気分にならない。褒《ほ》められてもそんなに嬉しくなくて、「たまたまですよ」みたいなことしか思わない。むしろ申し訳のなさや居心地の悪さを感じる。

それは、「自己責任は50％でいい？」（P110）で書いたように、成功も失敗も自分の責任というよりも、たまたま自分のまわりにあった環境次第だ、と思っているからだ。

世の中は、がんばればうまくいくというような単純な仕組みになっていることは少ない。**同じくらいがんばっている二人の人がいて、一方がうまくいってももう一方がうまくいかない、なんてことはざらにある。**

結局、成功は運やタイミング次第で決まったりするのだ。

お金持ちの家に生まれるといい環境で育てられて、結婚したら親に家を買ってもらったりして人生を有利に過ごしやすい。都会に生まれた人は田舎に生まれた人に比べて進学や就職をする際に有利だ。

人間の人生には、自分自身では決められない部分がたくさんある。

「そうは言っても環境だけじゃなく努力も大事だ、いい環境に生まれても努力しない奴はダメだ」という人もいる。

たしかに、そういう部分もある。だけど、正義や平等の問題について深く考えたジョン・ロールズという哲学者は、「『努力できる』という能力も恵まれた環境の産物だ」と言う。

恵まれた家に生まれるとか、まわりでどういう大人を見て育ったかとか、そもそもどういう遺伝子を持って生まれてきたかとか、そういった点に「努力できるかどうか」が左右される部分は大きいだろう。

「悪い環境に生まれても、努力して何とか道を切り開いた人はたくさんいる。そういう人を見習うべき」と言う人もいる。

たしかに、そういう例はある。そうした、「貧困や苦境から努力によって這《は》い上がった話」というのは、ドラマチックなので物語としても語られやすい。そうした成功自体はよいことだと思う。

だけど、たまたまうまくいった人がいたとしても、多くの人は不利な状況だとうまくいきにくいというのは変わらない。たまたまうまくいった例を挙げて、「苦しい状況でも成功した人たちはいるんだから、うまくいかないのはお前の自己責任だ」と言うのは、個人を過剰に追い詰めてしまう言葉だ。

少数のたまたまうまくいった成功例を一般化してはいけない。それは、「頭の中だけで考えない」（P40）で見た、「認知のゆがみ」のパターンの一つの「極度の一般化」というものだ。

社会で、「貧困や苦境から努力によって這い上がった話」が好まれるのはなぜだろうか。

それは、ドラマチックで面白いという他に、成功した人が、「自分の成功はたまたまじゃなく、自分が努力したからだ」「成功してない人は、努力が足りないだけなのだ」ということを信じたいためにそういう物語を好むからだ。

つまり、「本当は、人生は運や環境によって決まっている部分も多い」ということを認めたくない、という後ろめたさがその裏にはある。

だから、成功したときも失敗したときも「自己責任は50％」くらいに考えておくのが、自然だし人間に優しい考え方だと思う。

あと、うまくいったときに「すごいだろ」とか言ってるよりも「たまたまですよ」と濁《にご》してるくらいのほうが、「謙虚《けんきょ》な人だ」と思われて好感を持たれたりするという効果もある。

成功したときは、たまたまうまくいってありがたい。失敗したときは、たまたま運が悪かったのでしかたない。成功も失敗も、すべては「たまたま」だと思おう。

Check!

『これからの「正義」の話をしよう』マイケル・サンデル 著（ハヤカワ・ノンフィクション文庫）

LIST-21

孤立しない

KEY WORD

ダメ人間の連帯

僕は会社に勤めていたときよりも、無職になってからのほうが友達がたくさん増えた。その理由は単純で、体力や気力の問題だ。たぶん、僕は一般よりかなり疲れやすいのだと思う。

会社員のときは、そんなにハードな仕事でもなかったのだけど、通勤と仕事でほとんどの体力と気力を使い切ってしまっていた。

平日の夜は何もする気がせず家でぐったりとしていて、土日の休みもどちらか一方は家で休んだり溜まっている家事を片づけたりしているだけで終わってしまう。

会社では仲のいい人はいなかったし、会社以外で人に会う機会もかなり減ったので、毎日孤独を感じていた。

世の中には、毎日ハードに働きながら平日の夜や週末も精力的に趣味の活動をこなすような人もいるけれど、そういう「体力オバケ」みたいな人は例外だと思う。**人**

それぞれ持っているエネルギーの量は違うので、自分に合ったやり方を探すしかない。僕は、会社に勤めていると生活がマトモにできないと思ったので会社を辞めた。

無職になってから一番怖かったのは、社会との接点をなくして孤立することだった。だから、せっかく時間や体力に余裕ができたので、できるだけ人に会うようにしてみた。

会社を辞めてから東京に上京したのも、ネットで知り合った人たちがたくさん東京に住んでいたからだ。

毎日あり余る時間を使ってネットを見ることを欠かさず、ブログを書いたりツイッターで雑談をしたりとかネットで遊んでいると、自然に知り合いは増えていった。オフ会などの集まりにも積極的に顔を出すようにした。

会社では話の合う人がいなくて友達はできなかったけど、ネットだと誰も知らないマイナーなバンドの話とか、自分と趣味が合って話が合う人をたくさん見つけることができた。

そうこうしているうちに、人が集まる場所を自分で作りたいと思って、シェアハウスを始めたりもした。

ただ、僕自身が怠惰《たいだ》なダメ人間なので、「類は友を呼ぶ」という感じで、僕のまわりに集まる人も生活能力に欠けるダメっぽい人が多かった。働けない奴とか、お金がない奴とか、精神的に不安定な奴とか、酒がやめられない奴とか。


まあ、「働く」とか「家族を作る」とか、社会の多数派の生き方にうまく適応できない人間はやっぱり生きていく上でいろいろ不利だ。だから、そういう人間こそ集まったりネットワークを作ったりすることが重要だと思っている。

力のない人間でも集まっていると補い合える部分がある。たとえば、「こうすれば安くスマホやパソコンを手に入れられる」とか「このイベントではタダでごはんが食べられる」とか、そういう情報を交換したり、住む場所がない友達を家に居候《いそうろう》させたりとか、職がない友達にバイトを紹介したりもよくした。

東京で働いていた友達がいろいろと破滅して会社をクビになって、家賃が払えずに地方の実家に帰ってしまったことがあった。だけど、彼は親との折り合いが悪くて実家で毎日つらそうにしていたので、「とりあえずうちに来なよ」と東京に呼び寄せてみた。

彼はしばらくうちで居候をしていたのだけど、あるとき僕が知人から、「バイトを募集してるのですが、誰か暇な人いませんか」と聞かれたので彼を紹介したら、そのまま就職して社員になってしまった。

これはたまたまうまくいった例だけど。


人間が、他の人間を根本的に救うのは難しい。それぞれの人が抱えている悩みや問題は、結局はその人自身で解決するしかどうしようもないことが多いからだ。

でも、特に何もできなくても、軽く雑談をしたり、一緒にごはんを食べたりする相手がいるだけでも心の支えになるものだ。

社会から外れそうな人間ほど孤立しやすいし、孤立するとどんどん悪い状況をこじらせていってしまう。

生きていくということは大変なことばかりだけど、**ダメな奴でも集まっていれば少しだけ死ににくくなる。**

まあ、それでも死ぬ奴は死ぬんだけど。

僕が実家にいた頃や会社員をしていた頃、すごく孤独で閉塞《へいそく》感を持っていた理由は、まわりに自分と同じようなダメな人間を見つけられなかったからだ。まわりのみんなは、普通に社会に適応していて、僕が学校や会社、社会に感じている違和感を持っていないように見えた。話が合う人なんて、一人も見つかりそうになかった。

結局、僕がダメ人間の知り合いを作れるようになったのは、インターネットと都会のおかげだった。インターネットや都会では、いろんなマイノリティの人がそれぞれのコミュニティを作って棲《す》み分けている。

僕がずっと地元にいてネットもやってなかったら、1万人に一人くらいしか知らないようなマイナーな音楽やマイナーな作家について語ったり、社会や人生について考えていることを話し合える相手を見つけるのはかなり難しかっただろう。

多数派の感覚を持つ人は、日常的に出会う人たちの中から仲良くする相手を探すだけで、そんなに困らないのかもしれない。

でも、**少数派の感覚を持つ人は、自分と話が合う人に出会うためには、いろんなツ**

ールを使わないと辿《たど》りつけないのだ。

会社や家族など社会の多数派の生き方に適応できない人間はやっぱり生きていく上でいろいろ不利だ。それは、社会のシステムやルールの多くは多数派のために作られているからだ。

でも、力のない人間でもたくさん集まっていると、それぞれのダメな部分を若干補い合えたりする。弱い人間や少数派の人間こそ、孤立せずにつながりを作るようにしよう。

LIST-22

つながりすぎない

KEY WORD

人間関係の上限値

今の時代はインターネットやSNSの発達のおかげで、人と知り合ったり広く人間関係のネットワークをつなぎつづけるのが、昔よりもずっと簡単になった。10年くらい前は「インターネットすごい！ たくさん知り合い作ろう！」みたいに単純に盛り上がっていたころもあったけれど、最近ではなんでも広くつながればいいというわけではないことがわかってきた。

むしろ今は、いかにつながりを制限するかを考えなければならない時期になりつつある。

そもそも、無制限にいろんな人とつながったり自分の情報を公開してもそんなにメリットはないし、デメリットは結構大きい。

ツイッターで独り言をつぶやいていただけなのに、あまり好きじゃない人に返信されて困るとか、そんなに親しくない人や会社の人間に個人的なことを知られて気まずくなったりすることはよくある。何かのきっかけで、見知らぬ人たちにネットで絡《から》まれて炎上したりすることもある。

「二択で考えない」（P114）でも見たように世界は自分と違う考えの人がたくさんいるもので、そういう人とネットを通して無制限につながっていても、議論や罵《のの》り合いや炎上が起きるだけだ。

だから、最近のSNSでは無制限につながりすぎないように、投稿内容を特定のグループだけに公開するとか、嫌いな人には投稿を見られないようにブロックするとか、苦手な人の発言を自分の目に入らないようミュートにするとか、そういったクラスタ分けの仕組みが発達してきている。

合わない人と無闇《むやみ》につながりすぎないように、うまく棲み分けをしていくことが今のネットでは必要とされている。

大体、人間が持っている人間関係の処理能力には限界がある。

SNSで何千人とつながったとしても、一人一人とちゃんと有益な付き合いができるわけがないのだ。

ロビン・ダンバーという進化生物学者の説によると、人間が安定した社会関係を結ぶことができる相手の数は平均150人ほどらしい。この数のことをダンバー数と呼ぶ。この数の根拠は、ヒトやヒトに近い霊長類を調べたところ、大脳新皮質の厚さとその動物の群れの数が比例しているというデータから来ている。

つまり、大脳新皮質の厚さから判定すると、ここ何千年か何万年くらいの間、人間は自分のまわりの平均150人くらいと付き合いながら暮らすという生き方を続けてきて、脳もそれくらいの集団生活に最適な感じにできている、ということを表しているのだ。


もしかすると遠い未来、人類がネットにもっと適応したら大脳新皮質がもっと分厚くなって、毎日何千人もの人と密接なコミュニケーションをしながら暮らせるように進化するかもしれない。

だけど、遺伝子の変化というのは数千年とか数万年くらいかかるものだ。未来にはどうなっているかわからないけど、今はまだインターネットが一般的なものになってせいぜい20年程度だし、そもそも人間の大多数が数十人くらいの村を出て、何十万人もが生活する都会で暮らしたりするようになったのもここ100年くらいのことだ。

要は、人間の脳のスペックが大量の人間と日常的にコミュニケーションするような現代社会に、まだ追いついていないのだ。

今のところ、人間が安心できて落ち着ける場所というのは大体150人くらいの関係性にしかないようだ。

だから、ネットや都市を活用して人間関係のネットワークを広げていくのもいいけれど、無闇《むやみ》に過剰な数をつながりすぎず、**自分のまわりの大体150人くらいの人たちとのつながりを大事にしていく**、ということをちゃんとやっていったほうがいいだろう。

Check!
『友達の数は何人? ダンバー数とつながりの進化心理学』ロビン・ダンバー 著(インターシフト)

LIST-23

予定を守らない

KEY WORD

「行けたら行く」という自由

予定というのは守らないほうが楽しい。

昔、学生だった頃、「授業をサボって何かをするとすごく楽しい」という経験はみんなあったんじゃないかと思う。

ただ平日の昼間からそのへんをふらふら歩いたり、公園に行ったりするだけでワクワクする。あのワクワク感はなんなのだろうか。

それは、人間は思いつきやアドリブで予定を変更するときにすごく楽しさを感じる、ということなんだと思う。

予定を守るだけならコンピュータでもできる。予定を覆《くつがえ》すことこそ人間が生きている楽しさだ。

まあ、学生のときと違って、大人になるとなかなかサボったりしにくくなるけど、ときどき予定破りをしたほうが、日常に飽きずに生き生きとやっていけるものだ。

僕がたまにやるのは、「ライブなどのイベントのチケットを買っておいて行かない」ということだ。

これは、行かなくても誰にも迷惑がかからないのでやりやすい。

1000円のチケットを買って結局行かなかったとき、1000円以上の楽しさを感じられる気がする。

それは、千円札を燃やしたときの快感みたいなものかもしれない。

ちなみに今の日本の法律では、硬貨に穴を開けたりすると法律で罰せられるけど、紙幣を破いたり燃やしたりするのは合法だ。破壊するなら紙幣にしよう。


人付き合いの面でも、**まわりの人たちに「予定をあまり守らない人」と思われてたほうがラクだ。**

僕は普段からそんな感じで、何かイベントとかに誘われたら、とりあえず「おお、面白そうだね。行けたら行くよ」と言うんだけど、わりと行かないことが多い。

そういうのを続けていると、「あの人は行くって言っててもあまり来ない人」と認識されるようになるんだけど、いったんそういうイメージが定着すると、たまに本当に行ったときにすごく珍しがられて喜ばれたりする。

「不良がたまにいいことをすると、すごく褒められる」というのと同じ理屈で、他人からの期待というのは低めにしておいたほうがラクだし得だ。

自分が予定を守るのが苦手なので、自分が人を誘うときも「別に来なくても大丈夫だけど気が向いたらどうぞ」みたいな言い方をすることが多い。そのほうがお互いに気楽でいいと思う。

まあ、予定を破るときには一応、それっぽい口実を作るのが相手に対する最低限の気遣いではある。

「体調が悪くなったので……」とか「ちょっと疲れてしまったので……」というのは基本技だ。「疲れやすい人」とか「体が弱い人」というイメージを普段から付けておくと予定を断りやすい。

あと、わざとらしく携帯を見て、「家族に呼ばれて……」とか「他のグループの用事があって……」とかいうのも定番だ。

Aというグループでは「Bのほうの用事で忙しくて」と言って、Bのほうでは「今、Aのほうで忙しくて」と言っておくと、どちらにもそれなりに言い訳を作りつつ、自分のペースで動けるようになる。

二つ以上の集団に参加しておくと、一つの集団に縛られすぎずに自由に動くための言い訳が作りやすくて便利だ。あっちかこっちかどっちつかずの状態で、両方の美味《おい》しいとこどりをしよう。

LIST-24

差別しない

KEY WORD

生物としての警戒意識

人間は何かと集団を作る生き物だ。

それで自分の属する集団に愛着を持つのはいいことだけど、それが変にこじれるとよその集団に対する反感が生まれてきたりする。

集団への所属意識やよその集団への反感などについて考えるとき、僕はいつも小学生の頃のことを思い出す。小学生のとき、なんとなく隣の小学校の奴らは自分とは合わないような気がして警戒《けいかい》していた。隣の小学校の校区には、怖くてあまり遊びに行かなかった。

だけど、中学校に進学すると、隣の小学校の子らとも同じ学校に進むようになる。そうすると、話しているうちに隣の小学校出身の子たちも、別に自分らと変わらないということがわかって、普通に話したりするようになった。

中学生のときも、なんとなく別の中学の人間や別の区の人間は自分とは違うような気がしていた。でも、それも高校に進学すると隣の中学校の奴らと同じ学校に通うようになって、普通に馴染《なじ》んでいった。

僕は関西出身で、昔は関西弁以外の言葉にすごくアレルギーがあった。「関東弁みたいなへらへらした言葉を話す奴とは、絶対に友達になんてなられへんわ」と小さい頃は真剣に思っていた。

だけど、それも、大学に進んで関西以外の人と触れ合う機会が多くなると、普通に関東や東北や北海道出身の人とも友達になった。**もっと枠組みを広げて、日本とそれ以外とか、アジアとそれ以外とかで考えても結局同じことだろう。**

なんとなく馴染みのない集団に対して警戒心を持ってしまうのは、過去に何十万年ものあいだ、野生の中で縄張り争いをしながら生き抜いてきた生物としての警戒意識が残っているのだ。だけど現代はもうそんな時代じゃない。実際によその集団に属している人の一人一人に会ってみると、大雑把《おおざっぱ》な所属で判断することのバカバカしさに気づく。

結局どこからどこまでが身内か、仲間か、という境界線は相対的なものだ。もし宇宙人が地球を侵略しに来たら地球人全員が同胞《どうほう》に思えてくるだろう。

隣同士の国というのは、大体仲が悪いという話がある。日本だと中国や韓国がそうだろう。

僕はタイにしばらく住んでいたことがあるんだけど、タイでも近隣のベトナム人やインド人に対して「あいつらはちょっと違う、あんまり合わない」みたいな感情があるようだった。

ヨーロッパでも、イギリスとフランスとドイツとか、それぞれ複雑な感情があると聞いたりする。

隣の国というのは、実際に利害が対立するということもあるし、何より文化や人種などが、「一見、自分たちに似ているのに違うところがある」というので、同族嫌悪《けんお》的な違和感を持ちやすい。

でも、そうした「あいつらは俺たちと違う」という意識の「俺たち」の中だって、一枚岩ではなくて、その中を細かく見てみると「隣の県の奴らはなんか違う」とか

「隣の町の奴らはなんか違う」とかバラバラだらけの集団だ。

そのバラバラさを覆《おお》い隠して内部を一つに見せるために隣の集団を敵として設定する、みたいな政治手法があるわけだけど、人間のネガティブな感情を煽《あお》るというのはあまり上品じゃない。

そもそも隣の県とか隣町の人というのは気に入らないものだと思うと、「あいつら」と「俺たち」という大雑把なくくりで他の集団を嫌うことのどうでもよさに気づく。

人間は弱ると誰かを攻撃したくなったりするものだけど、安易な差別感情に振り回されないようにしよう。

LIST-25

同じ土俵で戦わない

KEY WORD

職業訓練とプログラマ

会社を辞めて無職になるとき、「プログラミングを覚えてウェブサイトをたくさん作ったら、それで食っていけないだろうか」と思って独学でプログラミングを勉強し始めた。

東京に出てきて、プログラマが集まる勉強会に顔を出したり（大きい企業がやっているのは、無料で参加できて軽食も付いてきたりするのでおいしかった）、プログラマが集まる「ギークハウス」というシェアハウスを立ち上げたりもした。

僕自身は結局、個人でウェブサイトを作るだけで、食べていくのは不可能ではないけど普通に働くのと同じかそれ以上のマメさが必要なので諦めた。

また、プログラミングをある程度やってみると「これは精巧《せいこう》なプラモデルをチマチマ作れるような根気が必要だ……」ということに気づき、あまり自分の性格的に向いてないなと思ったので、今ではプログラムも書かなくなった。

ただ、その経験でよかったことは、たくさんのプログラマたちと知り合いになれたことだ。

プログラマというのは、普通に他の職でもこなせる社会人っぽい人も多いけれど、「こいつプログラミングができなければ野垂《のた》れ死んでいたんじゃないか」というように社会性や協調性があまりない変な人も結構いた。

僕もわりとダメ寄りの人間なので、どちらかというとそういう変人方面との付き合いが多かった。

そういう変な人が、どういう経緯で職を得ているのか。

たとえば、ずっとニートや不登校をやっていたけどパソコンやインターネットは好きで、趣味でプログラミングをやっているうちにネットで知り合いができて、知り合いの会社に雇ってもらった、とかそういう感じだ。

ニートやヒモやホームレスだったり、劇団員やバンドマンだったりした奴が、パソコンが好きだったのでＩＴ系の職についたという例が知り合いにはたくさんいる。

普通の社会人をやるのは難しいけど、プログラマならギリギリできるという人がいるのは、コツコツとパソコンに向かい続ける職人の世界だからだろう。スキルがあれば、社会性や協調性が多少欠けていても何とかなったりする。昔で言うと大工さんみたいなもので、「私生活は滅茶苦茶で酒ばかり飲んでいるけれど、腕はあるし根は悪い奴じゃないから仕事がある」みたいな感じだ。

あくまで「社会性や協調性が『多少』欠けていても何とかなる」であって、あまりにも破天荒すぎたり破綻《はたん》しすぎていると、さすがに働けなかったりするのだけど。実際にそういう例も結構あった。

まあ、完全に会社に属さないフリーランスのプログラマは少なくて、大体はどこかの会社に雇われている。フリーランスやリモートワーク（在宅勤務）を目指すとしてもいきなりは難しいので、まずは普通に会社に何年か勤めて経験や人脈を得てからというパターンが多い。

ただ、小さいベンチャー企業とかなら、ある程度プログラムが書ければ潜《もぐ》り込むのはそんなに難しくない。スキルがあれば転職も容易な世界なので、数年ごとに給料のいい会社に転職していくような奴もいる。

素人がIT系のスキルを身につけるのには、職業訓練が役に立つ。**職業訓練というと溶接とか工業系の技術を身につけるところだというイメージは昔のもので、今の職業訓練にはIT系のものが結構多い。**僕自身も無職になってから一時期ウェブデザインの職業訓練に通っていた。ただそれも毎朝起きて通うのがつらくて途中で辞めてしまったのだけれど……。

興味のある人は、一度ハローワークに行って訊ねてみるといいと思う。

ただ、職業訓練も都会と地方で格差があって、地方ではあまり種類や数がなかったりするので、地方の人は可能ならとりあえず都会に出てみるのもいいかもしれない。

手に職をつけるとか、ある程度食っていけるシノギを持つとか、そういう何かがあると、社会の中での生きやすさが上がる。一つの土地や会社にとらわれず移動しやすくなる。

ちなみに僕の場合は、今は本やブログに文章を書くことで生計を立てている感じだ。

働き方というのは大雑把《おおざっぱ》に分けると二つある。

一つは、「**そんなに特別なことができるわけじゃないけれど、一つの場所に留まってまわりとの協調性を大事にしてやっていく**」という働き方で、多くの会社員や公務員などはこちらのほうだ。

もう一つは、「**何らかの技術を身につけて、それを頼りにいろいろなところを転々としながら生きる**」というフリーランス的な働き方だ。

たぶん、ラクな道は前者の協調性を大事にする働き方だ。学校などでみんなと同じように行動するのがそんなに苦じゃなかった人は前者を選ぶといいだろう。そちらのほうが社会の中では多数派なので、生きやすいし生活も安定している。

でも、僕や僕の友人のように、そうした多数派の生き方にどうしても適応できない性質を持った人が世の中にはいる。そういう自覚がある人は、何らかのスキルを身につけよう。

スキルがあっても、転職を繰り返す生活やフリーランスで仕事をする生活はあまり

安定しないもので、結局食い詰めてしまう人も多い。だから、そんなに万人にはおすすめしない。

でも、「毎日決まった時間に起きられない」とか、「毎日同僚や上司と最低限の協調性を持ってコミュニケーションをする」とかができないような人は世の中に一定数いるし、そういう人は生き延びるために何か自分の武器になるようなスキルを持つことを目指すしかないのだと思う。

多数派のために作られた働き方の中では、少数派は不利な闘いを強いられる。同じ土俵で闘っても勝ち目はないので、なんとかして自分に向いた場所を見つけよう。

LIST-26

感情を殺さない

KEY WORD

「俺はもうダメだ」という儀式

よく遊んでいる友人の間で「俺はもうダメだ」という儀式（?）が流行《はや》ったことがある。

どういうものかというと、すごく気分が落ち込んで「もう何もかもダメだ」「死にたい」という気分になったときに、床に仰向けに寝転んで手足をバタバタさせたり、髪の毛を両手でかきむしったりしながら「ウオーッ、俺はもうダメだッ、どうすればいいんだッ」と何回も口に出す、という行為だ。

本当にダメな気分のとき、これをやると少しだけ気分が持ち直すというのだ。たしかに、やってみるとちょっとだけ気分がスッとしてマシになる感じがする。

「ちょっと精神がまずいので、家に帰って『俺はもうダメだ』するわ」

「昨日はかなりダメだったので、3回くらい『俺はもうダメだ』してしまった」

そんなやりとりを一時期よくしていた。

感情というのは建前上、普通の大人は出してはいけないということになっているけれど、実際に社会に出てみると、**いい大人でも一皮むけば「あいつは嫌いだ」とか「あの人に好かれたい」とか、すごく感情的で動物的な理由で動いているものだ。**

人間は感情なしでは生きられない。人間のどんな合理的に見える行動にも、その奥底には非合理的な感情がある。もし感情がなければ、人は行動の指針や原動力を失ってしまうだろう。

だから、感情が苦しくなって詰まってしまったときは、みっともなくても構わないから無茶苦茶になって感情を放出してみるのがいい。

澱《よど》んだ感情は出さずに溜めているとそのうち爆発してしまうので、「俺はもうダメだ」のような感じでときどきガス抜きをするのが大事だ。

荒木飛呂彦《あらきひろひこ》『ジョジョの奇妙な冒険』の第二部で、主人公のジョジョがエシディシという敵と命がけの闘いをしているとき、エシディシが涙をボロボロ流して子どものように泣きわめくというエピソードがある。

突然の号泣にジョジョは戸惑《とまど》うのだけど、エシディシは怒りで前が見えなくなりやすい自分を制御するために、怒りが沸騰《ふっとう》しそうなときは号泣して感情を落ち着かせるということを意識的にやっているのだった。

泣きわめくことも、やっぱりときどきやったほうがいいと思う。深夜の飲み屋街なんかを歩いてるとたまに酔っ払って泣きわめいてる人がいて、そういうのを見ると「おー、人間だなあ」と思ってほっこりとした気持ちになる。

僕はブログで、普通の文章を書くのにウンザリしてきたとき、「すべてがつまらん、だるい、つらい」みたいな、感情的でグダグダな文章を投稿することにしている。すると、なんかスッとする。ずっと真面目に書いているだけだと、何年も続かなかっただろう。

ツイッターでも、**メインで使っているアカウントとは別に、「疲れた」とか「もうダメだ」と書くだけのアカウントを持っている。**そのアカウントは、ほとんど誰も見てないのだけど、疲れたときに「疲れた」と書き込むと、少し気分が落ち着くのだ。

そういう弱音をネットに書く理由は、「誰か見てるかもしれないけど見てないかもしれない。特に返信を求めるわけではないので相手に負担をかけない」という距離感

がラクだからだ。
弱音や愚痴は、人に直接聞いてもらうのもいいけど、相手にも負担をかける。その点、ネットなら気軽にグチれる。ネットは、童話「王様の耳はロバの耳」で、言いたいことを叫んでスッキリするための穴みたいなものだ。
愚痴とか弱音とか号泣とか、そうした感情にまつわる行為が、人間にはときどき必要だ。しんどくなったら我慢せずに、泣いたり叫んだり、手足をバタバタさせたりしよう。

Check!
『ジョジョの奇妙な冒険』荒木飛呂彦 著（集英社）

LIST-27

絶望しない

KEY WORD

ひもじい、寒い、もお死にたい

マンガ『じゃりン子チエ』の中で、屋台のラーメン屋で小学生のチエちゃんがおばあちゃんにこんなことを言われるシーンがある。

「人間に一番悪いのは腹がへるのと寒いゆうことですわ」

「メシも食べんともの考えるとロクなこと想像しまへんのや。ノイローゼちゅうやつになるんですわ」

「ひもじい、寒い、もお死にたい、不幸はこの順番で来ますのや」

だから、不幸になりたくなければ、とりあえず何か温かいものを食べなはれ、とおばあちゃんは言うのだ。

人間が何を考えるかとか、幸福を感じるかどうかって、一見高度で精神的な問題に思えるけど、**実は「寒くない」とか「お腹が空いていない」とか、そうした身体的で動物的な条件に左右されていることが多い。**

人はときどき、「もう何もかもダメだ、死ぬしかない」みたいな気分になるときがあるけど、大体は一時的な気分の落ち込みで思考の幅が狭まっているせいだ。だから焦《あせ》って勢いで死んでしまってはいけない。

落ち込んでいるときは、「どう考えても、もうどうしようもない、すべてがダメだ」としか考えられないものだけど、大体の場合、しばらく休んで落ち着いてから考え直してみたら、なんとか挽回《ばんかい》していく道筋が見えてくるものだ。

人生において、本当にどうしようもない取り返しのつかないことはそんなにない。

死にたい気分のときは、ケータイやパソコンの電源を切って、好きなものを食べまくって、部屋に籠《こ》もってひたすら寝よう。

他人のことや社会のことや、責任とか義務とかは何も考えなくていいから、一切のイヤなことや面倒なことを投げ捨てて、つらくないことだけして過ごそう。ひたすら時間をムダに使おう。「感情を殺さない」（P146）で書いたみたいに、泣きわめいたりジタバタしたりするのもいいと思う。

僕はつらい気分のときは、一度読んだことのある長編漫画をひたすら読み返したり、ポテトチップスを何袋も買ってきてものすごい勢いで食べまくったりする。そうした刺激を自分に与えている間は少しだけ気が紛《まぎ》れるからだ。

しばらくそんなふうに闇の中に籠もっていると、そのうち気力や体力が回復してきて、「もう少しだけがんばってみようか」と、ちょっと前向きにものを考えられるようになる。

人間は気力や体力さえ充分にあれば、じっと何もしていない無為な状態に飽きてきて、自然と何か前向きなことをやろうという気持ちが湧いてくる生き物だからだ。絶望したときは、いったん命以外のすべてを捨てて、ひたすら逃げてみよう。

自分以外の誰か、たとえば家族や友人が絶望した気分になっているときは、どうす

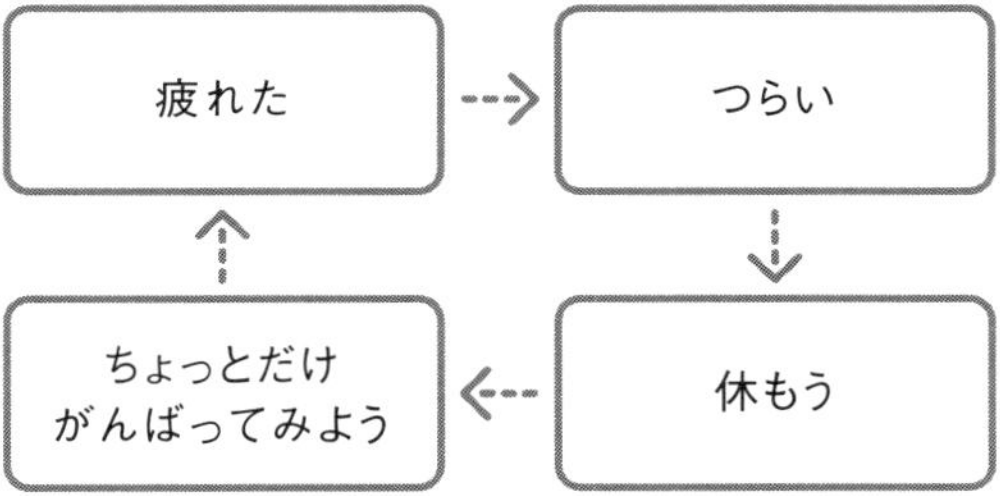

人生はだいたいこれの繰り返し

ればいいのだろうか。結局、本人の抱えている悩みは本人がなんとかするしかないもので、他の人に解決できるものではない。

まわりの人にできるのは、声をかけてあげるとか、食べ物をあげたり食事に誘ったりするくらいだ。

でも、まあ人が他人にできることはそんなものだし、それでいいのだと思う。死にそうな人がいたら、とりあえず温かいものを食べさせてあげよう。

Check!
『じゃりん子チエ』はるき悦巳 著（双葉社）

第 **4** 章

人生をラクにする
期待しないリスト

NOT TO-DO LIST

諦めれば人生はラクになる？

人生で苦しみを感じることが多いのは、世界が自分の思うように動いてくれないからだ。

「こうなってほしい」とか「こんな現状はおかしい」とか、そういったこだわりが多いほど苦しみも多い。だから、期待はできるだけ諦めるようにすれば生きるのがラクになる。

といっても、一切の期待や希望を捨ててすべてを諦めて生きろと言っているわけじゃない。

ただ、自分一人の頭の中で理想や思い込みを膨《ふく》らませすぎると、理想と現実のギャップで苦しくなる。だから、**できるだけ正確に現実を認識して、妄想《もうそう》を膨らませすぎないようにしよう。**

ブッダの逸話でこんな話がある。

まだ小さい子を病気で亡くした母親が、その死を受け入れられなくて、悲しみにかられてブッダのもとにやってきた。

ブッダは彼女に言った。

「『一度も死人を出したことのない家』からケシの種をもらってきたら、なんとかしてあげましょう」

彼女はそれを聞いて、いろんな家を巡《めぐ》ったけれど、どこの家も死人を出したことがある家ばかりだった。

身近な人の死から無縁な人間は存在しない。そのことに気づいた彼女は人の死という悲しみは自分にだけ訪れたものではなく、世の中にありふれた普通のことだということを悟ったという。

ブッダの言い分をキツく書くと、こんなふうになるだろう。

子どもが死んで悲しいというのは、現実に対する認識が甘いから悲しいのだ。人は誰でも突然死ぬ。子どもの死を受け入れられないというのは、「自分の子どもに限って、突然死んだりするはずはない」と思い込んでいたからだ。だけど、その思い込みは間違っていたのだ。

命あるものは誰でも突然死ぬことがあるし、形あるものはすべて壊れる。一寸先は何が起こるかわからないのが、この現実世界だ。

その真理をはっきりと正しく認識していれば、家族が死んでも自分が死んでも世界に何が起ころうとも、それは世界のあるがままの姿に過ぎないのだから、悲しいとか苦しいとかという気持ちはなくなるだろう。


たしかに、そういう考え方は筋が通ってはいるし、そこまでの境地に到れば何が起こっても動じず、すべてを受け入れて悲しまずに過ごせるだろう。

でもまあ、やっぱりそこまでの悟りの境地に到れるのは一部の人だけだろう。普通の人は親しい人が死ねば悲しいし、がんばっていたことがうまくいかないと悔しいというのが普通だと思う。

みんながブッダ並みに悟《さと》ってしまったら人類が滅びる気もする。現実を受け入れるだけじゃなく、よりよく変えていきたいという気持ちも、やっぱり生きていくには必要だ。

ただ、そこまで完全に悟らなくても、**生活の中で少しだけ諦めや受容を取り入れるとラクになるという効果はある。**そういう点で、ブッダのような考え方を知っておく意義がある。

「こうでなくてはいけない」とか「こうなるはずがない」といった思い込みにこだわるのをやめよう。世界は人間の期待通りに動くわけじゃない。「まあこれはこれくらいで仕方ないかもしれない」「世の中はこんなもんだしな」という曖昧《あいまい》な妥協も人生には大事だ。

最後の章では、過剰な期待や理想を捨てて、適度に諦めながら生きていくコツについて考えていきたい。

LIST-28

閉鎖的にならない

KEY WORD

居場所を分散する

最近、年上の人からよく聞くのが、「近頃の若者は、人と会っているときもスマホを見るので失礼だ」という話だ。たしかに、慣れていないとそう感じるのはわかる。僕もネット慣れしていない人が相手のときはスマホを見ないようにしている。

だけど、個人的には人と会っているときにスマホを見るのは大歓迎だ。むしろ、もっとガンガン見てほしい。

なぜかというと、そのほうが、**「目の前の相手と会話をしなければいけない」という圧力が弱まって、うまく喋《しゃべ》れなくてもなんとなく場に居続けてもいい、という雰囲気になるからだ。**

単に対面で話すだけだと、コミュニケーションのチャンネルが「発声による会話」という一つしか存在しない。

チャンネルが一つしかないと、そこで主導権を握れる人は、一度に一人しかいない。そして大体、よく喋る人や声の大きい人など決まった数人が主導権を握る流れになる。

僕は、そんなに喋るのが得意じゃないから、リアルの会話にはうまく参加できなかったり、途中で疲れてしまったりすることが結構多い。

でも、そういうときにスマホを見て、「ネット」というチャンネルで外部につながっていられると息苦しさがだいぶ減る。

会社では友達を作れなかった僕が、ネットでは友達を作れた理由は、そういうネット好き特有のコミュニケーションのやり方にある。

ネットで知り合ったネット好きな人たちは、会うときにいつもパソコンを持ってきていた。ファミレスや誰かの家に集まると、みんなでパソコンを開いて、雑談をしながらネットを見たり、目の前にいる相手とチャットを使って話したり、まわりを気にせず一人でゲームやプログラミングをしている、というのが普通の雰囲気だった。

「対面での会話をがんばらなくていい」という雰囲気が、僕にとってはすごく居心地がよかったのだ。

チャットやブログだとこまめに話すのに、リアルで会うとまったく喋らない奴とか、逆にリアルだとおしゃべりなのにネットだといつも簡潔なことしか書かない奴とか、それぞれ向き不向きがあるというのもわかって面白かった。

もちろん人間の注意力は有限なので、スマホやパソコンを見ながら会話をすると、会話がある程度おろそかになる。でも、別におろそかになってもいいんじゃないだろうか。

スマホを見ながら、興味のある話題のときだけ会話に入るとか、会話に飽きたらネットを見るとか、自由に会話から出たり入ったりしていいというほうが気楽だ。

自分の100％を全部「ここ」に置いておく必要はない。50％はこの場所にいるけど50％はネットの世界にいるとか、そんな感じが許されるほうがすごく自由で楽しいと思う。

リアルの会話とネットのコミュニケーションとの一番の違いは、「複数のやりとりを同時進行できるかどうか」という点だ。

会話だと、一つのやりとりに100%集中しないといけない。ネットのやりとりだと、複数のチャンネルで複数のコミュニケーションを同時進行できる。ツイッターを見ながらチャットで会話をして、フェイスブックやインスタグラムに「いいね」を付けつつメールをチェックする、みたいなことをよくやる。

そんなふうにマルチタスクをこなしながらする会話に、若い人は慣れつつあるのだろう。そうした多チャンネルのコミュニケーションは、閉塞《へいそく》感がなくていいものだと思う。

僕は家族とか宗教とか、「閉じた人間関係」というのが苦手だ。

閉じた人間関係はおかしくなりやすい。閉じた空間というのはコミュニケーションのチャンネルが一通りしかなくて、そこで一番力のある人が主導権を握ることになるからだ。

そして、閉じた空間で外部の人の目がないと、「暴力を振るう」とか「誰かの悪口をみんなで言い続ける」とか、外の人から見ると明らかにおかしい行為がその中で普通に行なわれるようになったりする。

中にいる人はいつの間にか麻痺《まひ》してしまって、そのおかしさに気づかなくなってしまうのだ。

「毒親」と呼ばれる、子どもを虐待《ぎゃくたい》する親や、カルト宗教の教祖などはそんな感じだ。「いじめ」なんかも閉じた空間でしか発生しない。

だから、集団は閉じないように、外部へのチャンネルを常に持つようにしないといけない。

外の人がちょくちょく遊びにくるようにしたり、出て行きたいという人は自由に出て行っていいようにして、**人が出たり入ったりする「流動性」を保つ、というのが風通しのよい健全なコミュニティを維持していくコツだ。**

僕がシェアハウスで友達を集めて住んでいる理由も、そういうところにある。

家族というのは入れ替わりがないけれど、シェアハウスはちょこちょこ住人が入れ替わる。そういうところがラクだ。もし酷《ひど》い人間がいたとしても、出て行ってもらったり自分が出て行けばいい。

もちろん、「流動性が高い」というのは一長一短でもある。

シェアハウスに友達を集めて住むのは気楽だけど、みんないつ出て行くかわからな

流動性の低い人間関係

家族・恋人・親戚・
近所の人・会社の人など

- 入れ替わりにくい
- 頼りにしやすい
- こじれやすい

流動性の高い人間関係

友人・趣味の仲間・
シェアハウスの住人など

- 入れ替わりやすい
- つながりが弱いぶん、
気楽さがある

**どちらも一長一短なので、
両方のチャンネルをうまく使い分けよう**

いし、5年、10年後は一人になっているかもしれない。

家族というのは流動性がなくてなかなか抜けにくいコミュニティだけど、抜けにくいからこそ、10年後も20年後も絆が切れないという期待ができる。

だから、どちらがいいとは単純に言えない。できれば、その両方をうまく利用して補完しあうのがいいだろう。

人間関係は、一つのチャンネルしかないと息苦しくなりやすい。できるだけたくさんのチャンネルを作って、ゆるく広くいろんなところにつながりを持っておこう。

LIST-29

何かのためにしない

KEY WORD

コンサマトリー（自己充足的）

最近は野菜を育てるのが趣味だ。

菜園というほどちゃんとやっているわけではなくて、適当に苗《なえ》や種を買ってきて適当に植えて、世話もせずにほったらかしているのだけど、そんな感じでも植物というのは丈夫なもので、きちんと育っていって実が採れたりするので偉い。

夏はトマトやキュウリやゴーヤが食べ飽きるほど採れる。収穫までに時間はかかるけど、金銭的にも野菜を買うより苗を買ったほうが安い。

まあ、野菜を育てるモチベーションになっているのは、「節約になる」とか「美味《おい》しい」というよりも、育てる過程が楽しいという点が大きい。

植物が毎日少しずつ伸びていく様は、見ていて飽きない。毎日ちょこちょこ手入れするのも面白い。

料理を作るのも好きだけど、それも節約とか美味しさとかの面でのメリットよりも、そもそもの作業の楽しさというのが大きい。野菜や肉を切ったり、火を通したり味付けを考えたりとか、そういう過程が楽しいのだ。

何が言いたいかというと「楽しさというのは結果じゃなくてそこに至るまでのプロセスに宿る」ということだ。

何かをするときは、「それが何の役に立つか」を考えるよりも、そのこと自体を楽しむのが健全だ。

本を読むときは「これを読むと知識が増える」とか「お金が稼げるようになる」とか考えるんじゃなくて、本を読むこと自体を楽しむ。スポーツをするときは「これをすると健康になる」とか考えるよりも、スポーツ自体に夢中になるのがいい。

本を読むことで知識が増えるとか、スポーツをやると健康になるとか、そういうのは、それ自体に夢中になってやっていれば自然と後からついてくるオマケみたいなものだ。

そんなに楽しくないけど、何か別の目的のためにやるという感じだと、そういうものは結局長続きしない。

何の役に立つかをいちいち考えるのではなく、それ自体を楽しもう。

趣味というのは、たとえ何の役にも立たなかったとしても、それ自体に夢中になれるようなもののことだ。そうした趣味を見つけられると人生が豊かになる。


アメリカの社会学者、タルコット・パーソンズが提案したコンサマトリーという概念がある。

コンサマトリーというのは、日本語では「自己充足的」と訳されることが多いのだけど、「何かの目的のためにそれをするのではなくそれ自体を楽しむ」ということを表す概念だ。

コンサマトリーの対義語はインストゥルメンタル（道具的）と呼ばれる。歩くことを例に取ると、どこかに行くために歩くのがインストゥルメンタルで、歩くこと自体を楽しむのがコンサマトリーだ。

昔、まだ世界が貧しかったけど、どんどん成長もしていて、進歩というものが今よりも信じられてた時代は、インストゥルメンタルな行動原理が世の中の主流だった。

つまり、「今は貧しいけど、今がんばりさえすれば先は明るい」と考えて、今を犠牲にして未来のためにがんばるという感じだ。

だけど、ある程度豊かさが達成されて成長が頭打ちになってくると、今を犠牲にして先のためにがんばってもそんなに明るい未来が待っているかはわからないし、今の時間自体を楽しもうという行動原理で動く人が増えてくる。今の日本もだんだんとそういう時代になりつつあるのかもしれない。

人生ではときどき「今を犠牲にして先のためにがんばる」というのが必要なときもあるけど、**基本はコンサマトリー的に生きるのが幸せに生きるコツだ。**

生活の中にコンサマトリーな部分がないと、たぶん人間はもたない。

そもそも人の人生は、何か大きな意義のために生きるというものではなく、その「生そのもの」を充実させるためにあるのだ。

何の役に立つかとかややこしいことは考えずに、素直にやりたいと思えることをやろう。

LIST-30

最後まで我慢しない

KEY WORD

損切りとつまみ食い

読書が苦手な人ほど、「本というのは初めから順番に読んで、最後まできっちり読み切らなければいけない」と思っていることが多いけど、本なんてもっと自由に読んでいいものだ。

本好きの人ほどかなり勝手な本の読み方をしている。

まず、あとがきから読むのは基本だし、パラパラとめくって気になったところだけ何ページか読んですぐ飽きたりしてもいい。

僕の知人で、「小説は会話文しか読まず、地の文は読み飛ばす」という人がいた。そこまでするとやり過ぎな気もするけど、それで楽しめるのならそれもありだろう。

本なんて、一冊読んで一行でも気になるフレーズに出会えたら、それで充分元が取れるようなものだ。ずっと読まずに本棚に置いておいて、読んでしまった気になるというのもいい。

本に限らず何でも、**作者が決めた使い方を律儀《りちぎ》に守る必要はないし、自分が取っつきやすいやり方で自由に利用しよう。**

読書と同じように、飲み会やイベントなんかも最初から最後まで出なくていい。本当に楽しかったらフルタイムでずっと居たらいいけど、なんとなく惰性《だせい》で最初から最後までずっといる人が結構多そうな感じがする。

別に、律儀に開始時間や終了時間を守らなくていいし、面白そうな部分だけ顔を出して、飽きたら「別の用事があって……」とか適当な口実を作って抜け出せばいい。

僕は人と長時間、一緒にいるのが苦手なので、長いイベントのときは途中でよく抜け出す。

一人でふらふらと会場の周辺を散歩したり、コンビニで雑誌を立ち読みしたり、缶コーヒーを買って公園で一服《いっぷく》したりして、またイベントに出る気力が回復したら会場に戻る、という感じだ。

飲み会を抜け出して繁華街で道端に座って、微妙に酔った頭で通行人を眺め続けるのも妙に楽しい。

「予定を守らない」（P132）でも書いたように、何かをサボって別のことをするのはそれだけで楽しさが増すものだ。

ちょっと気分転換してからイベントに戻ると、また新鮮な気持ちで人と話せる。席を立ちにくい雰囲気のときは、「電話がかかってきたフリをして抜け出す」という小技もよく使う。

三田紀房《みたのりふさ》の『インベスターZ』という漫画は、中学生が学校の「投資部」という部活に入って株式投資をするという話なんだけど、そこで新入部員の主人公が一人で映画館に入らされるというエピソードがある。

映画を観始めたはいいけれど、その映画はものすごくつまらないものだった。こんなものを観るのは時間の無駄だ。そう思った主人公は途中で映画館から出る。そうすると外では先輩たちが待っていた。実は、「つまらない映画をいかに早く見切って出てこられるか」というテストだったのだ。

これは、「過去に固執しない」（P58）でも書いた、投資で言う「損切り」ができるかということを試している。

失敗をした場合に、今までに注《つ》ぎ込んだ時間やお金を惜しがって、惰性でそこにお金や時間などの資源を投下し続けてはいけない。

できるだけ早く切り上げて被害を最小限にするのが大切だ。それは投資に限らず、人生の何に対しても適用できる原則だろう。

「なんかビミョー」と思ったら、早めに抜け出そう。他人のペースに合わせる必要はない。惰性に流されず、自分に必要な部分だけつまみ食いするようにしよう。

Check!

『インベスターZ』三田紀房 著（講談社）

LIST-31

仕事に身を捧げない

KEY WORD

「イネイブラー」という罠

平日は一生懸命働いているんだけど、休日になると「やることがない」「暇だ」といつも言っている知人が何人かいる。

まあ、僕はいつも暇なので「あー、暇だね、なんか面白いことないかね」とか言いながら一緒にお茶を飲んだりごはんを食べたりするんだけど、そういう人は、仕事が忙しくて自由時間がないときのほうが生き生きしている気がする。

「仕事つらい」「残業多い」「会社がクソ」と愚痴《ぐち》を言いつつも、そういう状況を楽しんでいるようなところがある。

仕事が減って自由時間が増えると「やることがない」とつまらなそうにしている。極端な人だと、やらなくていいのに休日まで仕事をしていたりする。

また、面倒事が増えると生き生きする人種もいる。トラブルに出会うと目が輝きだしたり、自分からトラブルに首を突っ込んでいったりする。いつも厄介《やっかい》な問題をたくさん抱えた人ばかりを恋人にして、その人の世話をするのに明け暮れて、愚痴を言いながらも元気そうにしているような人もいる。

そうした人もやっぱり、何も事件のない平常時は輝きを失ってつまらなそうにしている。

問題を抱えた人の世話をするのは、いいことだと思われるかもしれない。だけど、それはアルコール依存症や精神疾患の世界で「イネイブラー」と呼ばれて危険視されている現象だ。

「イネイブラー」は、アルコール依存症や精神疾患などの問題を抱えた人を甘やかすことで、その人に依存されることに依存している、いわゆる「共依存」という状態で、**問題を抱えた人が自立すると、自分が必要とされなくなってしまうので、問題を根本的に解決しようとせずにダメな人を甘やかして温存してしまうのだ。**

トラブルや仕事を背負っていないと落ち着かない、というのはあまり健全な状態じゃない。

自ら背負った「やらなきゃいけないこと」に追われるのではなくて、「別にやらなくてもいいけど自然と自発的にやりたいと思えること」を持っているほうがいい。

やりたいことが仕事で、「24時間仕事していたい」という人は別にそれでいい。たまにそういう人はいる。

問題なのは、仕事がそんなに好きなわけでもないけど、やることがないから仕事をしてしまう、仕事がないと不安だ、という人だ。自発的にやりたいことがないと、休日があると不安になったり、わざわざ自分から厄介事を求めにいったりしてしまう。

あと、定年になった後に「定年後うつ」になってしまう人なども同じだろう。

長く人生を楽しむためには、仕事以外の何か「やりたいこと」を持っていたほうがいい。仕事のために人生があるんじゃなくて、人生を楽しむために仕事があるのだから。


まあ、やりたいことが見つからないときは「とりあえず仕事をしておく」というのはありだ。仕事はお金ももらえるし人とのつながりもできる。

ただ、それだけだと人生が行き詰まるときが来る。だから、「これをしているときが自分にとって幸せだ」というものを何か見つけたほうがいい。

仕事以外でやりたいことが何も思いつかない場合、その理由は二つある。一つは「疲れている」、もう一つは「やりたいことに出会えていない」だ。疲れている場合はひたすら休もう。そうでない場合は、今までやったことのないいろんなことをやってみよう。

世界には一生が100回あっても経験し尽くせないくらいの面白いものがある。いろんな場所に行ったり、いろんな趣味を嗜《たしな》んでみよう。

何か新しい趣味などを始めるときは、それに詳しい先達に案内してもらうのがいい。何でも楽しむには多少のコツがいるからだ。人はみんな自分の好きなものについて語りたがっているので、教えを請《こ》えば「どういう部分をどんなふうに楽しむといいか」を快く教えてくれるだろう。

LIST-32

人の意見を気にしない

KEY WORD

話半分で充分

ブログを書いていると、同意する意見や批判する意見など、さまざまなコメントが付く。同意コメントは別にいいんだけど、ネットでよく問題になるのは批判コメントだ。

大体、コメントを書くほうは匿名《とくめい》で書くので反論を恐れず遠慮なくキツい言葉を投げつけてくる。中傷や罵倒《ばとう》に近いものが交じることもある。ブロガーによっては批判コメントを見るのがストレスで、コメント欄を廃止してしまう人もいる。

だけど、僕はあまり気にしないほうで、自分のブログに批判コメントが付いても「いろんな意見の人がいて面白いな」と思って見ていることが多い。

むしろ賛同コメントばかり付いたとしたら、そっちのほうが気持ち悪い。自分の意見が絶対に正しいとは思ってないので、批判もあって当然だ。本文と違う視点の意見がコメント欄にあるくらいのほうが、バランスが取れている。

ネットでは、どんな内容を書いても批判を完全に避けるのは難しい。

友達に報告するようなノリで、「大好きな人と結婚できて嬉しいです」とブログに書いたら、「結婚したくてもできない人がそれを読んでどう思うか考えてください」とか「結婚制度で無視されている『社会のマイノリティの問題』について、考えたことがあるのでしょうか」とか予想もしない銃弾が飛んでくる。そんな戦場がインターネットだ。

「ファミレスのごはんが美味《お い》しい」と書いたら、「ファミレスしか行けない貧乏人はかわいそう」という意見と、「ファミレスに行けるのはまだまだ贅沢《ぜいたく》で、本当の貧乏を知らない」という意見と、両方向から弾が飛んでくるので避けようがない。

逆に言うと、どんなに酷《ひど》い意見でも賛同者が出てくるのがインターネットでもある。さまざまな意見があるところが人類の面白いところだし、さまざまな多様な意見のぶつかり合いを部屋で寝転びながら見物できるのがネットの素晴らしいところだ。

ネットをやっていると、「他人の意見を全部まともに聞く必要はない、というか不可能だ」ということを実感する。

他人というのは、自分の都合で好き勝手なことを言うものだ。人の話を真に受けて自分が失敗したとしても、その人が責任を取ってくれるわけじゃない。結局、自分の人生は自分で引き受けるしかない。

他人は同じ人間であっても、自分とはまったく違う感覚を持つ別の生物だと考えたほうがいい。そもそも理解し合えないもので、たまに意思疎通《そつう》ができたらラッキーくらいのものだ。

何を考えてるかもよくわからない生き物に批判されても、「よく喋《しゃべ》るテレビだな」くらいに思っておけばいい。人にやたらと文句をつける人は、その人自身が何か悩みを抱えてるだけのことが多いし。

「話半分」という言葉があるけど、大体割合としては、人の話は半分くらいだけ聞いておけばいいと思う。**嫌いな奴や合わない奴の言うことは、1割くらいしか気にしなくていい。**信頼できる人や気の合う人の言うことでも、自分と完全に価値観や人生が一致するわけじゃないから、7割くらいで聞いておけばいいと思う。トータルすると

全体の4割から5割、半分くらいだ。
人の話なんてものは適当に聞き流しておいて、自分に役に立ちそうな部分だけ適当に利用すればいい。

まあ、否定の言葉ばかりをぶつけられるとへこむかもしれないけど、大抵の場合、反論しても大して得るものはない。
そういうときは「この人は私のことを何もわかってないけど、まあこの人にはこの人の人生があるんだろう」とか「この人はやたら攻撃的だけど、何かつらいことがたくさんあったんだろうな」とか思って、適当にあしらって避けて生きていこう。

LIST-33

議論しない

KEY WORD

曖昧な相槌

僕は昔から議論が苦手だった。誰かと何かを話していてもちょっとややこしい話になると、「それはどういうこと？」「どういう理屈でそう繋《つな》がるの？」ということがわからなくなる。

どんな意見でも誰かが熱く語っていると、「おお、そんなに熱心に言うならそうなのかもしれないなあ」って思ってしまったりするし。

たぶん、とっさの頭の回転があまりよくないのだと思う。

文章だとじっくりと自分のペースで行ったり戻ったりできるから書けるんだけど、会話はどうしても瞬発力が必要になるので、うまくいかない。

そもそもたくさん喋《しゃべ》るのが面倒くさいというのもある。

大学時代はまわりに議論好きな人たちがたくさんいて、いつも喧々囂々《けんけんごうごう》と人生や社会や文学について議論してたけど、そういうのにはうまく入れなくて、「ほー、そうなんだ」「そうかもしらんねえ」みたいな適当な相槌《あいづち》を打って、ずっと話を聞いているほうだった。

昔は議論が得意な人を、「すごいなー、どうやったらあんなふうになれるんだろう」と思っていたこともあったけど、そのうちそんなに憧れなくなった。

その理由は、議論が得意な人は優れているというよりも、**単に議論というスポーツに勝つことが好きなだけだということに気づいたからだ。**

要は単なる趣味の問題だ。そもそも現実世界では、議論に勝ったとしても物事はあんまり動かない。

議論と納得とはまた別で、相手を論破《ろんぱ》しても、それで相手が自分の思うように動いてくれるわけじゃない。

「理屈ではわかるけどなんか感覚的に受け入れがたい」とか「正しいのかもしれないけどこいつに従うのは癪《しゃく》だ」とか、人間はそういう非合理的で感情的な要素で動く部分が多いからだ。

それに、「二択で考えない」（P114）でも書いたように、日常や現実ではどちらかの意見が100％正しくてどちらかの意見が100％間違ってるということはあまりない。

人間はみんなそれぞれ自分なりの経験と思想を持っているもので、それは違う人生を生きている他人には関われないし変えられないものだ。

だからまあ、どんな意見に対しても、「ああ、自分の意見とは少し違うけど、そうかもしれないですね、気持ちはわかりますよ」というくらいの立ち位置でいるのがいいと思う。

やたらと自分の意見を押し付けようとしてくる人は、単に議論というスポーツが好きな人か、もしくは実は自分の意見に自信がない人、それかストレスが溜《た》まっている人だ。

「人の意見を気にしない」（P178）の最後にも書いたけど、別にそういう人と議論をしても得るものはない。

ややこしい議論になりそうになったら、「ああ、そうかもしれないですねえ……、いいんじゃないですか……、ワタシ難しいことはわからないんですが……」みたいな曖昧《あいまい》な相槌を打っておこう。

たいていの場合は相手も、「ああ、コイツに話しても話にならんわ」と言って諦めてくれる。

議論を避けるために、普段から曖昧な相槌を打つ練習をしておこう。

LIST-34

あえて何もしない

KEY WORD

丹田を意識する

「何もしないで、ぼーっとする」というのは簡単なようでなかなか難しいものだ。家にいるとつい、部屋の散らかってるところが気になって掃除をやらなきゃとか思ってしまったりする。

何もせずにゆっくりしたいと思ったのに、ついつい仕事や家事のことなどを考えて、「あれをやらなきゃこれをやらなきゃ」となってしまって、ぼーっとできなかったりする。そういうのはよくあることじゃないだろうか。

僕は、ぼーっとしたいときは乗り物に乗ることにしている。特に用事もなく、あまり混んでない路線の電車になんとなく30分くらい乗って、適当に降りて知らない町をぶらぶらしてコーヒーの一杯でも飲んで、また電車に乗って帰ったりする。

1年に何回かは、もっと長時間乗り物に乗る旅もする。鈍行列車や高速バスに1日

8時間くらい乗って遠くに行くのだ。

新幹線や飛行機で速く移動するよりも、移動時間が長いほうが僕にとっては贅沢《ぜいたく》な旅だ。

それは、乗り物に乗って移動するときというのは、ぼーっとするのに一番適している時間だと思うからだ。

車窓を流れる景色を見ていればなんとなく気が紛《まぎ》れるし、何もせずじっと座っているだけでも「移動」をしていると手持ち無沙汰にならない感じがある。

本を読んだり音楽を聴いたりするのも、乗り物での移動中が一番集中して楽しめる。**ぼーっとするコツは、「乗り物で移動しながら、ただ座っている」みたいに、何もしないでいてもなんとなく気が紛れる状態に自分を置くことなのだろう。**

それは瞑想《めいそう》のやり方にも少し似ている。

瞑想も、「心を空っぽにする」とか「何も考えない」とかを目指すものだけど、単に「何も考えない」を目指そうとしても、心の中にいろいろ雑念が湧《わ》いてきてしまうものだ。

だから瞑想では「ある一点にひたすら意識を集中する」とか「自分の身体を限りな

くゆっくり動かして、その身体感覚に意識を集中する」とか、何かダミー的な目標に意識を向けることで、心の中をクリアにしようとする。

また、古来から武道で言われる「丹田《たんでん》を意識する」というのも同じような感じだ。丹田というのはヘソから指三本分下に、さらに指三本分だけ体の内側に位置する点のことだ。

武道ではこの丹田を意識して動くことで、身体のバランスがうまく取れたり技に力がうまく伝わったりすると言われている。

この丹田の場所に何があるかというと、特別な器官があるわけじゃなく、単に腸が入っているだけだ。

教育学者の齋藤孝《さいとうたかし》さんによると、「丹田はいくら力んでも力が入らないからいい」そうだ。武道において、「力んで固まる」というのは禁物だ。硬直《こうちょく》しているとその隙を敵に攻撃されてやられてしまう。

全身がリラックスしてゆるい状態でいつつ、どんな状況にも即座に対応できるというのが一番望ましい。この状態を自然体と呼ぶ。

だけど、「力まない」というのもなかなか難しいものだ。体を意識すればするほど力が入って固まってしまったりする。

そこで丹田が出てくる。丹田の場所には腸が入っているだけで筋肉があるわけじゃないので、いくら意識しても力が入って固まることがない。

つまり、**丹田に意識を集中するというのは、「全身からうまく力を抜くためにいくら意識しても力が入らない場所を集中して意識する」ということなのだ。**

これは「ぼーっとするために電車に乗る」というのと少し似ている気がする。

他にぼーっとするための手段としては、乗り物以外では風呂もいいと思う。風呂も、湯に浸《つ》かって意識を曖昧《あいまい》にしているだけで何か自分に良いことをしたような気になれる最高の設備だ。

つまり、電車に乗って温泉に入りに行くのが最高の組み合わせだ。人生に疲れたら温泉に行こう。

Check!

『呼吸入門 心身を整える日本伝統の知恵』齋藤孝 著(角川新書)

LIST-35

長生きしない

KEY WORD

義務教育後は余生

毎年、誕生日が来るたびに、山田風太郎《やまだふうたろう》『人間臨終図巻』という本の、自分の年齢のページを読み返すことにしている。この本は、古今東西のいろんな人の死に際の様子を享年《きょうねん》の年齢順に集めたものだ。

この本を読むと、なぜかすごく安心する。「石川啄木《いしかわたくぼく》やモーツァルトに比べれば、自分は長生きして幸せだ」とか「どんな偉大な人も、結局は苦しんで死んで無になる」ということを確認できるからだと思う。

僕は今36歳だけど、30歳くらいから、「もうこれからは余生だなー」という感じがあって、そんなつもりで生きている。

もう興味のあることは大体やった気がするし、そもそも自分みたいに怠惰《たいだ》で不健康なダメ人間はそんなに長生きしないものだ、と思っているからだ。

僕の年上の知人で、東南アジアと日本を行ったり来たりしながら生活している人は、「義務教育を終えたら余生」と言っていた。それを聞いたときは、「僕はそこまで早くは悟れなかった、負けた」と思ったけれど。

でもまあ、**36歳まででも、「よくこんな年まで生き延びた、偉い」という感じだ。**

そんなふうに思うのは自分の友人や知人で、20代や30代など若くして死んだ人が結構いるせいかもしれない。うまく働けない奴とか、うまく人間関係を作れない奴とか、社会に適応できない人間はやっぱり死にやすい。

あいつはどうしようもなかったから、まあ早かれ遅かれ死んでたな、という奴もいるし、ついうっかり弾みで死んじゃったけど、もうちょっと何かが違えばまだ生きていただろうに、もったいなかった、という奴もいる。

そういう奴らのことを考えると、悲しいとか惜しいとかいう気持ちもあるけれど、どうしようもない部分はあるな、とも思う。

この社会に適応できない人間というのは必ず一定数出てくるものだし、それをまわりの人間が助けることはまったく不可能ではないけれど、完全に救うのは難しい。結局はまわりの助けで数年～十年くらい寿命を延ばすくらいのパターンが多いような気がする。

人間はそのうち必ず死ぬものだし、少し遅いか少し早いかだけの違いと考えるしかないのかもしれない。

僕自身もかなり不安定な生活を送っているし、先のことはどうなるかわからない。だからそんなに長生きはしない気がする。

ただ、**「自分はいつ死ぬかわからない」ということを思うと、ちょっと身が引き締まって意識がクリアになる感じがするのは好きだ。**「来月死ぬとしても後悔しないようにしっかり生きよう」と思ってちょっとやる気が出るからだ。

会社を辞めることを決断したのも、「辞めるなら早いほうがいい。この先何十年もこの会社で働き続けるなんて自分には無理だし、そんな先まで生きているかわからない。来月死んだら死ぬ間際に、今仕事を辞めなかったことを後悔するだろう」と考えたのが決め手だった。

戦時中の話などを読むと、自分がもうすぐ死ぬことがわかった途端、世界のものがすべて美しくキラキラと輝いて見えた、ということがよく書かれている。

その美しさは、赤ん坊が初めてこの世界を見たときの新鮮さや感動に匹敵《ひってき》するものだろう。死を意識すると生のありがたさをリアルに感じられる。

「自分はもっと早く死んでいてもおかしくなかった、今の人生は余生とかオマケみたいなものだ」と思えば、どんな厄介《やっかい》な出来事が起こっても「人生はいろいろあるなあ」と思って楽しむ余裕が出てくる。

そんな感じで生きていくのがいいんじゃないだろうか。

人間はどうせ全員必ず死ぬし、長生きしても早死にしても所詮《しょせん》十年とか数十年の差に過ぎなくて、宇宙や地球の何十億年の歴史に比べるとゴミクズみたいなものだ。

どうせゴミクズみたいな生なら、後悔しないように好きなことをやって生きよう。


Check!

『人間臨終図巻』山田風太郎 著（徳間文庫）

LIST-36

完璧を目指さない

KEY WORD

人生は勝ったり負けたり

大体、何でも突き詰めすぎると行き詰まるので、ある程度のところで「妥協」とか「仕方ない」とか「適当さ」とかを導入したほうがいい。

たとえば、がんばるのが嫌いだとしても、「絶対にどんな状況になってもがんばらないぞ！」というのをひたすら貫く生き方は、むしろ、**がんばらないということをがんばってしまっている。**

そこまでしてがんばらないよりも、たまにはちょっとがんばったほうがラクだし自然だ。

同じようなパラドックスは他にもいろいろある。

「どんなときも無理せずに自然でいよう」と意識しすぎることは逆に不自然だ。

「一切の欲望を持たないでいよう」と思うことは、それ自体が無欲でいたいという欲望を持ってしまっている。

「あえて何もしない」（P186）で書いたように、純粋に何もしないでいようとするのも難しい。

「何でもできる力が欲しい」と思っても、不老不死で全知全能の神みたいな存在になったらすべてが退屈で仕方がないだろう。

もっと俗な話だと、「モテたい……」と強く思っているときはガツガツしすぎてまわりが引いてしまってあまりモテなくて、「モテとかどうでもいいや」と思った途端にモテるようになる、とかいうのもよく聞く話だ。

生きるにあたって何か思想や信念を持つのはいいのだけど、あまりにもその思想や信念を完璧に実行しようとすると大体破綻《はたん》する。

どんな素晴らしい思想でも、原理主義は行き詰まりやすい。だから、理想を持つのはいいけど、ある程度のところで諦めたり妥協したりする「いい加減さ」があったほうが、物事はうまくいくものだ。

僕もこの本で「○○しない」というのをたくさん書いたけど、自分で書いておいてこんなことを言うのもなんだけど、ここに書いてあることをすべて完璧に実践する人がいたら怖いなと思う。こういうのは適当に読んで、適当に自分に使えそうな部分だけ取り入れて参考にしたらいいものだ。

僕自身だってここに書いていることをいつも完璧に守れているかというと、そんなことはない。こんな感じでいきたいなと思ってるけど、よくうっかり失敗したりする。人生は勝ったり負けたりだ。

まあ、思うようにならないのが生きるということだし、適当に諦めて適当にゆるくやっていこう。

おわりに

大学時代に寮の先輩とした会話が、ずっと印象に残っている。

「イワシっているじゃん、イワシ」

「ええ」

「イワシって、いっぱい群れになって泳いでるじゃん。そこに、ときどきクジラとかがやってきて、バクーッ！　とイワシを食べちゃうわけよ。そこで食べられた奴らは死ぬし、食べられなかった奴らは逃げるでしょ。人生もそんなもんなんだよ」

「何かが突然起きても、避けようがないってことですか」

「そうそう。バクーッ！　って食われて死ぬのはどうしようもないし、そこに意味なんてないの。人間が生きて死ぬのも同じ。みんな人生に意味とか求めるけど、生も死も成功も失敗もみんなアクシデントに過ぎないし、そこに意味とか考えても後付けの結果論にしかなんないから。だから、深く考えず適当に生きればいいんだよ！」

たしかにそうかもなあ、と思った。

人間はどうしても、出来事に意味や理由を求めてしまいがちな生き物だけど、本当は意味なんてないんだろう。

動物や植物と同じように、なぜだかわからないけど生まれてきて、そしてある程度の時間が経ってから何かの拍子に死ぬ、というだけだ。

それだったら、「はじめに」でも述べたように、「あれをしなきゃいけない」とか「これをしなきゃいけない」という決まりに縛られずに、自分の感覚のおもむくままに好きに生きればいい、と僕は思う。


この本では、たくさんの「しないこと」について書いた。けれど、「じゃあ何をすればいいのか」ということについては、あまり具体的に書いていない。

その理由は、「するべきこと」や「したいこと」は人によって違うので、それぞれの人が自分自身で考えていくしかないことだからだ。

たぶん、「何がしたいか」「何をするべきか」を探していくのが、生きるということだ。

人生の「したいことリスト」は自分で作っていこう。

＊

この本は僕の3冊目の単著になります。

1冊目の『ニートの歩き方』（技術評論社）は、できるだけ働きたくない人を対象にして、ネットをうまく活用してお金に頼らず生きていくための実践法や思想について書いた本。

2冊目の『持たない幸福論』（幻冬舎）は、この社会で疲れている人すべてを対象に、社会の中で当然視されている「労働」「家族」「お金」について、別の視点から根本的に捉え直す方法を探っていくという本でした。

どの本にも共通しているのは、「できるだけ、ラクに、自由に生きていくにはどうしたらいいか」という永遠のテーマです。本書が面白かったと思った方は、他の本も読んでいただければうれしいです。

本書を書くにあたっては、大和書房の種岡健さんから企画をいただいて、内容についてもアイデアを出してもらったりなど大変お世話になりました。ありがとうございました。

この本を読んでくれた人の毎日がみんな少しラクになれば良いなと思います。

二〇一五年十二月

pha

文庫版あとがき

僕は本を書くと、書いた内容が頭の中からスッと抜けていってしまう。

文庫化にあたって久しぶりにこの本を読み返して、「なかなかいいことが書いてあるじゃないか」と思った。

『しないことリスト』を刊行してから、もう3年も経つ。この3年の間には、いろいろなことがあった。いや、別に大したことはなかった。相変わらず、だらだらした生活を送っている。2回引越しをして、2冊本を出したくらいだ。

『しないことリスト』の後に出した本はどんなものかというと、4冊目の単著になる『ひきこもらない』(幻冬舎)は、お金をかけずにあちこちふらふらするという紀行エッセイ。

5冊目の単著『人生にゆとりを生み出す 知の整理術』（大和書房）は、自分が普段行っている勉強法や情報整理術をまとめたものだった。

この5年くらいはずっと本を書くことに注力していたけど、単著を5冊（共著も入れると6冊）も書くと、本を出すことに慣れて飽きてきたし、いい加減、書くこともなくなってきた感じがある。

本を書くのもだるいんだけど、代わりに何かしたいことがあるかというと、何も思いつかない。全般的に無気力だ。過去の本を文庫化する作業くらいで、あとはひたすらぼーっとしている。

僕も今年で40歳になる。人生のいろんなことを一通り経験してしまって、すべてに飽きる年頃なせいかもしれない。

こういうときに無理に何かをしようとしても、うまくいかないことはわかっている。だからしばらく、半年か1年くらい、何もしないでだらだら過ごそうかと思っている。

何もやる気がしないときは、可能な限り、「何もしない」をするのがいい。ひたすら「何もしない」をやっていたら、そのうち退屈にも飽き飽きして、「何かをやろう」という気持ちが湧いてくるかもしれないし、湧いてこないかもしれない。まあ、どちらでもいい。

とりあえず、今年いっぱいくらいは、ひたすらだらだらとマンガを読んだりしながら過ごす予定だ。こんな感じで人生は大丈夫だろうか、と不安もあるけど、まあ、なんとかやっていってみる。みなさんもやっていってください。

二〇一八年八月

pha

本作品は小社より二〇一五年一二月に刊行されました。

pha（ふぁ）

1978年生まれ。大阪府出身。現在、東京都内に在住。京都大学総合人間学部を24歳で卒業し、25歳で就職。できるだけ働きたくなくて社内ニートになるものの、28歳のときにインターネットとプログラミングに出会った衝撃で会社を辞める。以来、毎日ふらふらしながら暮らしている。シェアハウス「ギークハウスプロジェクト」発起人。著書に、『人生にゆとりを生み出す 知の整理術』（大和書房）、『ニートの歩き方』（技術評論社）、『ひきこもらない』『持たない幸福論』（幻冬舎）、『フルサトをつくる』（ちくま文庫）がある。

ウェブサイト　http://pha22.net/

だいわ文庫

しないことリスト

著者　pha《ふぁ》

二〇一八年九月一五日第一刷発行
二〇一九年三月二五日第七刷発行

発行者　佐藤 靖
発行所　大和《だいわ》書房
東京都文京区関口一―三三―四 〒一一二―〇〇一四
電話 〇三―三二〇三―四五一一

フォーマットデザイン　鈴木成一デザイン室
本文デザイン　松好那名（matt's work）
本文イラスト　ヤギワタル
本文印刷　信毎書籍印刷
カバー印刷　山一印刷
製本　小泉製本

ISBN978-4-479-30723-5
乱丁本・落丁本はお取り替えいたします。
http://www.daiwashobo.co.jp

だいわ文庫の好評既刊

吉本隆明
ひきこもれ
ひとりの時間をもつということ
「ぼくも『ひきこもり』だった！」――思想界の巨人が普段着のことばで語る、一人の時間のすすめ。もう一つの社会とのかかわり方！
571円
44-1 D

内藤誼人
ビビらない技法
やさしいあなたが打たれ強くなる心理術
なぜあの人は「ここ一番」で逃げないのか？人気心理学者が教える「打たれ強くなる」心理術！
680円
113-9 B

鴻上尚史
孤独と不安のレッスン
「ニセモノの孤独」と「後ろ向きの不安」は人生を破壊するが「本物の孤独」と「前向きな不安」は人生を広げてくれる。
648円
189-1 D

川北義則
「大人の人づきあい」でいちばん大切なこと
好き勝手に生きているのに孤立しない人、気を遣いすぎて損をする間抜けな人、その違いはどこにあるのか？　人間関係に強くなる極意！
650円
194-5 D

阿部絢子
老いのシンプルひとり暮らし
ひとりは気楽で楽しい！　家事の工夫やお金の管理法、心構えまで、60歳からのひとり暮らしを快適に心豊かに過ごすための知恵が満載。
650円
210-2 A

＊多湖輝 監修
他人の心は「見た目」で9割わかる！
必ず試したくなる心理学101
外見だけで心はここまで読みとれる！　他人の不可解な行動を理解するために、職場の対人関係を良くするために、必ず役立つ心理術。
648円
212-1 B

＊印は書き下ろし

表示価格はすべて本体価格（税別）です。本体価格は変更することがあります。